맛있는 빵과 디저트를 찾아 떠나는 빵 투어

정낭자의
빵생빵사

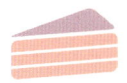

맛있는 빵과 디저트를 찾아 떠나는 빵 투어

정낭자의 빵생빵사

좋은 재료로 정성을 다해 빵을 만드는
우리 동네 맛있는 빵집 이야기

정은진 지음

프롤로그

갓 구운 빵처럼 따뜻한 사람이 되길

"동네 빵집을 소개하는 책을 써보지 않을래요?"

2014년 4월, 따뜻한 봄날이었다. 순간 나를 멍하게 만든 제의였지만, 고민 끝에 열심히 해보자는 다짐으로 원고를 쓰기로 했다. 책상에 앉아 첫 문장의 시작을 어떻게 해야 할지 몰라 몇 달을 보냈다. 결국, 처음으로 빵에 대한 호기심을 품었던 어린 시절로 돌아가 보기로 했다.

'주근깨 빼빼 마른 빨간 머리 앤'이라는 노래가 흘러나올 때면 하던 일도 멈추고 달려가 TV 앞에 앉았다. 신발도 신지 않고 숲 속 여기저기를 누비면서 상상의 나래를 펼치는 초록색 지붕 집에 살던 앤, 꽃과 나무에 말을 건네는 모습은 너무도 사랑스러웠다.

영혼의 친구인 다이애나에게 맛있는 파이를 만들어 주기 위해 앤은 주방에서 즐거운 콧노래를 부른다. 화로 같은 오븐에 구워낸 애플파이와 빵은 소녀들의 깔깔거리는 웃음과 재잘거리는 수다 속에서도 제일 눈에 띄었다. 그물 모양의 애플파이는 어린 나에게 빵에 대한 호기심을 불러일으켰다. 그 맛이 궁금해서 지금도 TV 속에서 파이 모양을 보면 괜히 더 설렌다.

빵에 대한 호기심을 채우고 맛있는 빵을 먹기 위해 빵집 투어를 시작한 지 이제 6년이 흘렀고 그동안 전국 400여 개의 빵집을 다녀왔다. 골목 구석구석에 숨어 있는 동네 빵집의 개성과 맛, 갓 구워져 나온 빵의 온기가 손에서 입으로 전해졌을 때의 행복을 많은 사람과 나누고 싶었다.

　빵집의 위치, 정보를 담고 있는 블로그를 운영하면서 전국 아니 세계 곳곳의 빵을 좋아하는 사람들과 함께 모여 소통하는 공간인 빵 전문 커뮤니티 "빵생빵사"도 만들었다. 폼생폼사라는 말에서 '빵'이라는 단어만 바꿔 이름도 거창하게 '빵에 살고 빵에 죽는'다는 뜻의 빵을 좋아하는 모임이다.

　빵이 좋아, 동네 빵집을 찾는 것이 좋아 라는 등의 다양한 이유에서 각각 다른 사람들이 모였다. 공통 관심사를 나누면서 함께 빵 한 조각을 나눠 먹으면서 서로의 이야기까지 보듬어주는 '빵 친구'도 생겼고, 동네 빵집을 찾는 즐거움도 전파하고 있다.

　나의 블로그의 프로필 사진도 창가에서 턱을 받치고 무한한 상상을 하는 빨간 머리 앤의 그림이다. 아마도 빵을 보는 나의 눈이 저렇지 않을까? 나도 앤처럼 상상의 나래를 펼치면서 빵 하나하나에 얽힌 이야기를 마음속에 써내려 간다.

　세상 속 많은 인연과 희로애락을 함께 하는 나의 메신저 같은 존재 그리고 애인이라고…

- 정낭자 **정은진**

Contents

프롤로그 4

 **1 모두가 반한 우리 동네 빵**

1. 라틀리에모니크(패스트리모니크), 이원영 셰프 — 10
2. 에꼴드쉐프(ecole de chef), 정운용 원장 — 16
3. 블랑제리(Boulangerie) 11-17, 윤문주 셰프 — 22
4. 르빵(호수 베이커리), 임태언 셰프 — 28
5. 올 어바웃 카스테라(all about castella), 권은영 셰프 — 34
6. 폴 앤 폴리나(Paul&Paulina), 최종성 셰프 — 40
7. 빵나무(Bread Fruit), 김용식 셰프 — 46
8. 쉐즈롤(CHEZ-ROLL), 김원선 셰프, 김영식 셰프 — 52
9. 플라워앤(Flour&), 황재령 셰프 — 58

 **2 기본을 지켜 더 맛있는 빵**

10. 악토버(October), 홍정욱 셰프 — 66
11. 우스블랑(ours blanc), 김영수 셰프 — 72
12. 리치몬드(RICHEMONT), 권형준 대표 — 78
13. 그랭블레(Grain blé), 성범경 셰프 — 84
14. 프랑세즈(Francaise), 이고선 셰프 — 90
15. 욥(job), 임용순 셰프 — 96
16. 베이커스 테이블(The Bakers Table), 미샤엘 리히터 셰프 — 102
17. 루스티크(RUSTIQUE), 성시학 셰프 — 108
18. 리블랑제 베이커리(Lee Boulanger), 이원상 셰프 — 114

3 고집과 철학이 담긴 빵

19. 더 벨로(The velo), 반영재 셰프 ... 122
20. 레 프레미스(Les premices), 심지인 파티시에 ... 128
21. 마리안 베이커리(MARIAN Bakery), 김찬숙 셰프 ... 134
22. 무앙(MOOANG), 유병구 대표 ... 140
23. 브레드 오크(Bread Oak), 이일남 셰프 ... 146
24. 장복용 과자공방, 장복용 대표 ... 152
25. 제나나 잼(Zenana Jam), 최채요 대표 ... 158
26. 카카오 붐(CACAO BOOM), 고영주 쇼콜라티에 ... 164
27. 젤라띠 젤라띠(Gelati Gelati), 윤상준 대표 ... 170

4 평범함 속에서 발견한 새로운 빵

28. 담장옆에 국화꽃, 오경숙 명장 ... 178
29. 안스베이커리(An's Bakery), 안창현 명장 ... 184
30. 차차베이커리(ChaCha Bakery), 임성철 셰프 ... 190
31. 브로테나인(brot9), 이주화 셰프 ... 196
32. 깜빠니오(companio), 어규석 셰프 ... 202
33. 오월의 아침, 김상중 셰프 ... 208
34. 궁전제과(GungJeon Bakery), 윤재선 대표(윤준호 실장) ... 214
35. 배리스키친(Baely's kitchen), 배준영 셰프 ... 220
36. 빵짓는 농부, 이종기 셰프 ... 226

에필로그 232

모두가 반한
우리 동네 빵

1. 라뜰리에모니크(패스트리모니크), 이원영 셰프

2. 에꼴드쉐프(ecole de chef), 정운용 원장

3. 블랑제리(Boulangerie) 11-17, 윤문주 셰프

4. 르빵(호수 베이커리), 임태언 셰프

5. 올 어바웃 카스테라(all about castella), 권은영 셰프

6. 폴 앤 폴리나(Paul&Paulina), 최종성 셰프

7. 빵나무(Bread Fruit), 김용식 셰프

8. 쉐즈롤(CHEZ-ROLL), 김원선 셰프, 김영식 셰프

9. 플라워앤(Flour&), 황재령 셰프

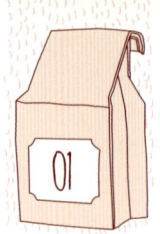

라틀리에모니크(패스트리모니크), 이원영 셰프

다양한 재료를 이용하여 창의적인 일본 빵으로

L'ATELIER MONIQUE

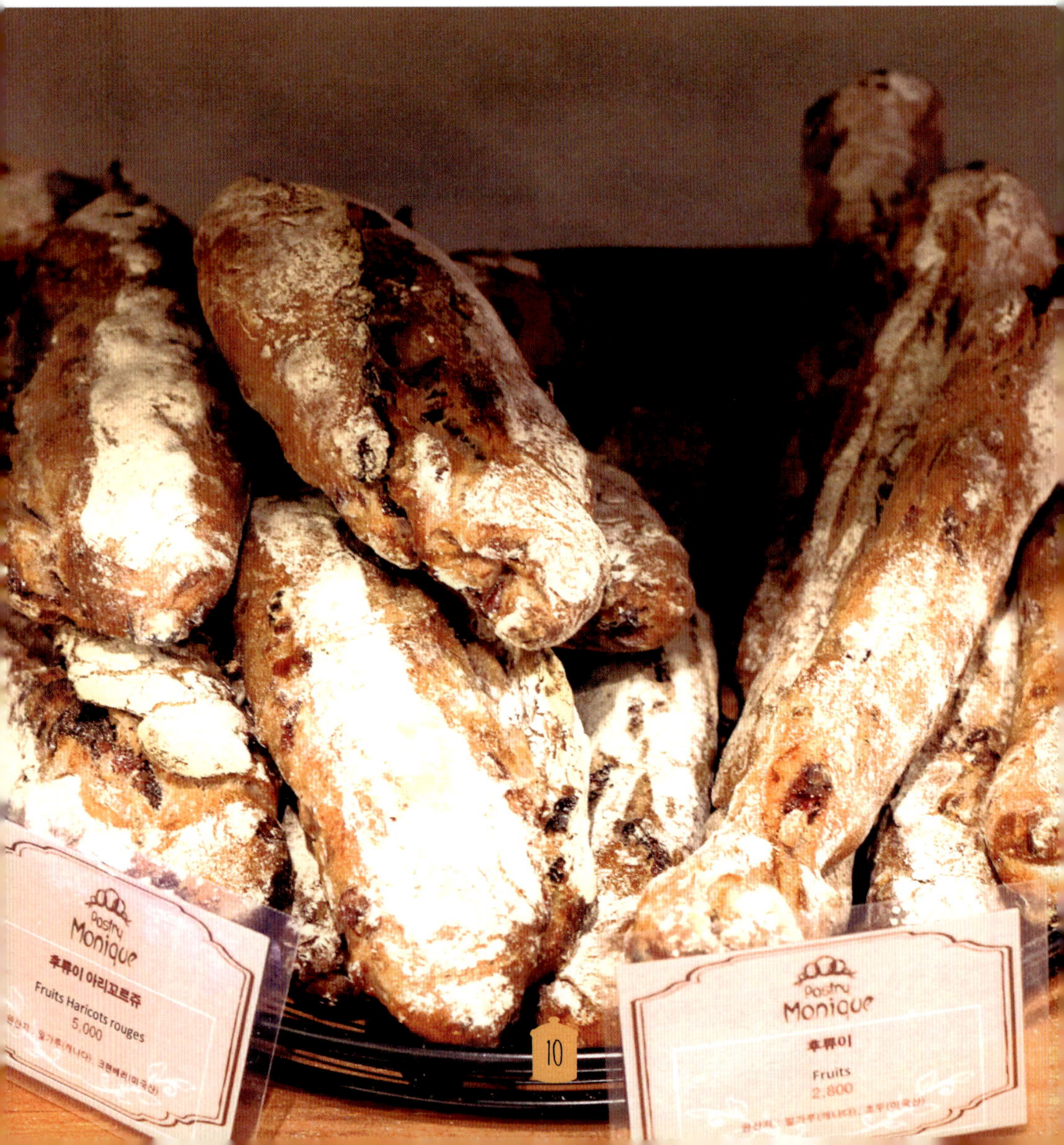

과일과 팥의 하모니
후류이 아리꼬르쥬

나의 사랑방

이곳을 한마디로 표현한다면 '나의 사랑방'이다. 글의 시작을 어떻게 해야 할지 고민하다 사람들과 어울려 함께 빵을 먹는 즐거움을 알게 된 곳, 항상 빵 투어의 마지막을 장식하는 이곳을 소개하며 시작하려 한다.

2011년 9월 라틀리에모니크를 처음 방문하게 된 계기는 이렇다. 퇴근 후 동네 빵집을 찾아가는 것이 큰 즐거움이었던 그 시절, 트위터에서 우연히 본 '청담동의 일본스타일 건강 빵집'이라는 짧은 구절에 이끌려 그곳으로 향했다. 퇴근길 교통체증에 걸린 버스 안에서 숨이 막힐 것 같은 답답함에 포기하고 싶은 마음이 굴뚝같았다. 게다가 그곳은 큰길도 아닌 골목 속에 숨어 있어 몇 번씩 지도를 확인하느라 늦은 시간에 겨우 도착했다.

아련한 불빛을 밝히고 있는 매장은 아담하고 단아한 자태를 뽐내고 있었다. 자신 있게 정면에 세워져 있는 배너의 '일본 제빵왕'이라는 문구가 궁금증을 더 불러일으켰다. 그 당시 유행하던 '제빵왕 김탁구'라는 드라마에서나 보던 밀가루로 습도를 맞추는 모습을 볼 수 있지 않을까 하는 생각도 들었다. 매장문을 열고 들어서니 일본에서 온 것 같은 귀여운 소품과 그림, 나무 테이블이 왠지 마당 앞 작은 정원 같은 느낌이 들어 '정말 빵집인가?'라는 의구심이 들었다. 아마도 빵 진열대의 빵과 디저트가 없었다면 갤러리나 귀여운 소품을 파는 가게라고 착각했을 것이다.

후류이 아리꼬르쥬

정원 같은 빵집 모습에 어리둥절한 나에게 젊은 직원이 친절하게 인사를 건네 왔다. 시간이 흐른 후 그분이 라틀리에모니크의 매니저이자, 사장인 이원영 셰프라는 사실을 알았다. 빵을 구경하고 고르는 동안 빵에 대해 많은 정보를 주려고 그는 정말 열심히 설명해 주었다. 대파가 큼직하게 올라간 파 크루아상과 72시간 저온 숙성하여 만든 인기 빵인 후류이 아리꼬르쥬를 사서 집으로 돌아왔다. 파 크루아상은 달콤한 파와 짭조름한 데리야키 소스, 바삭한 크루아상이 잘 어울리는 빵으로 쌈을 싸서 먹는 것 같다.

직접 끓인 팥, 크랜베리, 호두가 든 후류이 아리꼬르쥬는 촉촉한 빵과 바삭한 크러스트가 잘 어우러져 있다. 나는 이 빵을 아주 좋아한다. 후류이 아리꼬르쥬는 프랑스어로 '과일과 팥'이라는 뜻이다. 빵의 이름을 자세히 살펴보면 들어간 재료나 빵의 느낌을 따서 이름을 붙이는 경우가 많으니 빵의 재료가 궁금할 때는 이름에서 힌트를 얻을 수도 있다.

라틀리에모니크에서는 일반 페이스트리뿐만 아니라 과일이나 채소 등을 넣어 요리처럼 만든 빵도 만든다. 예를 들면 견과류, 통 밤, 파스타 면을 튀겨 올려 밤송이처럼 형상화한 '밤수확', 상큼한 딸기나 포도를 올린 페이스트리, 달콤한 초콜릿과 책장을 넘기듯 빵 결이 살아있는 마가지느 등이 있다. 마가지느는 먹을 때마다 입 속에서 가을 낙엽을 밟듯 바스락거려 청각, 미각, 후각까지 그 맛을 느낀다. 돌돌 말린 모닝 롤, 커다란 브리오슈는 그냥 뜯어먹어도 맛있고 두껍게 잘라서 토스트로 만들어 먹어도 좋다. 일본 빵들 이외에도

크리스마스 시즌에 먹는 독일 전통 빵인 밤슈톨렌도 맛있다.

우주 최강 매니저 '우매'

이원영 셰프가 처음부터 제빵사의 길을 걸은 것은 아니다. 그는 프랑스 요리 셰프이자 맛있는 음식을 좋아하는 미식가였다. 그러던 중 일본에서 스기야마 히로하루 셰프의 한국에서 맛보지 못했던 담백하고 간이 세지 않은 빵을 만났다. 그런 빵을 한국에도 알리고 싶은 마음에 프랑스 요리를 포기하고 제빵사의 길로 들어섰다. 일본 빵집에서 연수를 받은 후 2011년 6월 청담동에 간판 없는 빵집인 라틀리에모니크를 오픈한 후 주변의 입소문을 통해 유명세를 타게 되었다. 그리고 2013년 10월에는 석촌역에 2호점인 패스트리 모니크를 오픈했다.

그러나 아쉽게도 청담동의 라틀리에모니크는 2014년 12월 31일로 영업을 종료하고 다른 곳으로 이전할 예정이다. 라틀리에모니크의 새로운 변신을 기대한다.

_파니니 & 샐러드

__깜빠뉴 모니크

현재는 패스트리모니크에서 라틀리에모니크의 모든 빵을 만날 수 있다.

이원영 셰프의 별명은 '우매'이다. 우매의 뜻이 무엇인지 궁금해진다. 우매는 일본어로 매실이라는 뜻이라 외모가 매실을 닮은 건가 생각할 수도 있지만, 우매는 '우주 최강 매니저'의 약자다. 맛있는 빵집이 되려면 맛있는 빵을 만드는 것은 물론이고 친절과 청결함을 갖추는 것도 중요하다. 이원영 셰프의 빵집은 맛, 친절, 청결 등 이 모든 것을 만족한다.

이원영 셰프는 간판도 없던 청담동의 빵집을 찾아오는 손님 한 분, 한 분을 기억하려고 노력했다. 그는 자신의 가게를 찾는 손님이 어떤 빵을 좋아하는지, 어떤 음료수를 즐겨 마시는지 기억하면서 손님과 소통하는 빵집으로 남고 싶어 한다. 큰돈이 아닌 천 원으로도 느낄 수 있는 여러 행복 중 맛있는 빵으로 얻는 행복은 제빵사인 자신이 손님에게 드릴 수 있는 몫이라고 생각하기 때문이다.

테이블이 빼곡하게 가득 차 있는 시끄러운 공간은 큰 건물이 가득한 서울 시내가 생각난다. 빵빵거리면서 울리는 경적 소리와 함께 바쁘게 움직이는 사람들, 그 사람들이 쉬어갈 수 있는 공간이 필요하다. 넓은 공간의 테이블에 모여 앉아 시간마저 천천히 흐를 것 같은 조용한 공간에서 좋아하는 사람들과 빵을 먹으며 담소를 나누는 시간은 치유의 시간 그 자체다. 남들은 청담 명품거리에 새로운 물건을 보러 간다지만 나는 오직 빵의, 빵에 의한, 빵을 위한 청담동 나들이만을 즐긴다.

이곳에서 빵을 통해 새로운 인연을 많이 맺었다. 목포의 빵 동생, 서울의 빵 친구, 독특한 미식가, 지방에서 올라온 제빵사 친구들까지, 어쩌면 나의 빵 라이프에 제일 소중한 곳일지도 모르겠다.

라틀리에모니크
영업종료 후 이전 준비중
패스트리모니크
주소: 서울 송파구 송파동 20 황제빌딩 1층
전화번호: 02-413-9338
휴무: 없음(명절 및 임시 휴무는 매장 공지)
홈페이지(블로그): blog.naver.com/labmonique

에꼴드쉐프(ecole de chef), 정윤용 원장

동네 빵집 업그레이드!
단팥빵부터 호밀빵까지

ECOLE DE CHEF

강동구의 새로운 빵집

'빵생빵사 제1회 자선행사'는 전국 빵집에서 빵을 무료로 받아 입장하는 분께 빵 뷔페를 제공하고 경비를 제외한 수익금 전부를 아동센터나 몸이 불편한 분들이 계신 곳에 후원하는 행사다. 빵을 좋아하는 친구들과 함께할 수 있는 일을 찾다가 개최하게 된 1년에 한 번씩 치르는 큰 행사로 2014년에 3회째를 맞이했다. 행사의 준비는 가을부터 시작한다.

2011년 한창 회사를 다니고 있던 시절, 집이 구리 시 근처였다. 구리와 가까운 강동구 천호동 근처에는 빵집이 거의 없어서 저 멀리 홍대까지 가서 양손 가득 빵을 사서 집으로 돌아오고는 했다. 그래도 서울 나들이가 마냥 즐겁기만 했는데 가끔은 강동구 쪽에도 빵집이 있었으면 좋겠다는 생각이 들었다. 그러던 중 '지성이면 감천'이라는 속담처럼 강동구에도 빵집이 오픈한다는 소식을 들었다. 명일역 근처 명성교회 바로 옆에 위치한 빵집은 지중해가 연상되는 푸른 하늘색이 눈에 띄었다. 붉은 계열의 색상이 식감을 자극하고 푸른색은 식감을 떨어트린다고 하는데 그런 것쯤은 전혀 개의치 않는 푸른색 매장은 멀리서도 한눈에 들어왔다. 그곳은 에꼴드쉐프라는 프랑스어로 '셰프들의 학교'라는 뜻을 가진 빵집이었다.

독일 식사 빵

매장에 들어서면 나무 진열대와 조명 아래에 단팥빵, 소보루빵, 소시지빵 등 어렸을 때 즐겨 먹었던 빵들이 자리 잡고 있다. 그러나 그것이 전부는 아니다. 유럽 식사 빵이 하나의 유행으로 자리 잡으면서 에꼴드쉐프는 독일 마이스터(장인)를 초청하여 그가 직접 만든 제품으로 시식회를 열었다. 시식회에 참여한 손님들의 반응을 반영한 전통적인 독일 빵을 만들어 판매하고 있다. 또한, 한국 스타일에 맞춰 좀 더 부드럽게 만든 빵도 판매한다. 독일 빵이라고 하면 무조건 시큼한 호밀 맛이 강하거나 거친 빵이라고 생각할 법하지만 제빵사의 손맛에 따라 수백 가지의 빵이 나온다고 마이스터는 말한다.

이곳의 빵 중 e-루스틱, 곡물 후르츠, 60% 호밀빵을 좋아한다. 잡곡과 견과류가 잘

시큼해서 더 맛있는
60% 호밀빵

어울리는 곡물 후르츠는 잼이나 소스를 바르지 않고 오래 씹으면 빵 본연의 구수한 맛이 느껴지고 소화도 잘된다. e-루스틱은 아무것도 들어가지 않은 빵 그대로 먹어도 좋지만, 샌드위치나 요리 등에도 잘 어울리므로 올리브 오일과 발사믹 식초에 찍어 먹으면 더욱 맛있다. 60%의 호밀빵에는 치즈나 햄 한 장만 넣어 먹어도 훌륭한 한 끼 식사가 된다. 100% 호밀빵이 너무 시큼해서 입맛에 맞지 않는다면 호밀 함량이 적은 빵부터 천천히 시작하는 것이 좋다. 나는 때때로 나물을 넣어 산나물 샌드위치를 해먹거나 장조림이나 버섯조림을 빵에 넣어 먹기도 하는데 짭조름한 한국 반찬이 호밀빵과 잘 어울린다. 호밀빵과 청국장, 루스틱과 장아찌를 같이 먹으면 알싸하면서도 구수하다. 이런 조합을 시도해본 사람들도 뜻밖에 맛 있어서 계속 찾게 된다고 하니 그야말로 식사 빵이다.

착한 빵집

이곳의 빵 가격은 다른 빵집과 비교하면 대체로 저렴하다. 게다가 유기농 재료를 사용하여 빵을 만든다. 매년 소비자 가격을 정하는 시스템으로 가격 법칙을 소비자에게 공개한다. 빵 가격은 재료나 사람의 인건비 등을 생각해서 결정하므로 무조건 싸다고 착한 빵집은 아니다. 물론 비싸다고 나쁜 빵집도 아니다. 빵을 좋아하는 나로서는 가격에 따라 좋고 나쁜 빵집이 결정될 때 아쉽다. 좋은 재료를 사용하여 적정선의 가격을 책정하고 좋은 맛을 유지하는 것, 이 세 가지를 만족해야 착한 빵집이다.

'빵생빵사 자선행사' 미팅을 위해 에꼴 드쉐프를 찾아갔다. 50대 후반의 사장님과 어떤 이야기를 하면 좋을까 하는 고민도 들었고 서로 어색하지는 않을지 걱정도 되었다. 매장에 도착하자 깔끔한 양복을 입은 신사가 맞아 주셨는데 그분이 바로 정윤용 원장님이었다. 큰 키에 날렵한 몸매의 스마트한 분위기를 풍겼다. 철인 3종 경기를 즐기시는 것이 몸매의 비결이라며 빵보다 마라톤을 먼저 만났다면 국민 마라토너가 되었을지도 모를 정도로 운동을 즐기신다고 한다. 최근에는 울트라 마라톤으로 100km 뛰셨다고 하는데 나 같은 사람은 뛰지는 못하고 걸어서 5일은 걸릴 거리이다.

첫 만남에 대한 나의 걱정과는 달리 원장님과 빵에 관한 이야기를 나누며 시간 가는 줄 모르고 네 시간이나 대화했다. 주방 곳곳을 보여 주시면서 주방 직원을 소개해 주셨고, 제빵학원도 구경시켜 주시고 여러 나라를 돌아다니며 다양한 빵을 먹었던 이야기, 책을 집필했던 일 등 재미있는 이야기를 듣느라 시간이 부족할 정도였다. 지금도 원장님을 만나면 시간 가는 줄 모르고 서너 시간은 기본으로 이야기를 나눈다.

원장님이 처음 빵을 만들기 시작한 계기에 대해서도 들을 수 있었다. L 기업에서 생크림을 연구하는 직원으로 근무하던 시절, 생크림이나 휘핑크림 등을 가장 많이 사용하는 곳은 제과점, 빵을 만드는 곳인데 빵을 모르면 안 될 것 같아 리치몬드 제빵학원에 다녔다고 한다. 그곳에서 리치몬드와의 인연이 시작되어 빵집보다

__밤 몽블랑

학원을 먼저 개원한 독특한 이력을 갖게 되었다. 제빵학원을 시작으로 제빵업계에 발을 내디딘 후 2008년 마인츠돔을 인수해서 개성 있는 색과 맛을 만들기 위해 끝없는 연구를 한 끝에 지금의 에꼴드쉐프를 이끌고 있다.

나의 키다리 아저씨

나는 종종 어려운 일 생길 때는 원장님을 찾아가 고민을 털어놓고 담담히 이야기를 나눈다. 원장님과 대화를 나누면 마음이 편해져 나에게는 스승님이면서 키다리 아저씨 같은 분이다. 나는 빵을 좋아해서 빵으로 무언가를 하고 싶지만, 직접 빵을 만드는 것은 아니기에 때때로 좌절할 때도 있다. 빵을 즐기는 것을 어떻게 직업으로 연결한 것인가, 내가 좋아하는 빵집들을 위해 어떤 역할을 할 수 있을지 등등 여러 가지 문제를 진지하게 고민했을 때도 항상 격려해 주시는 분이다.

2회 빵생빵사 자선행사 때는 장소도 제공해 주시고 빵이 부족할 때면 항상 해결해 주시니 나에게는 그야말로 키다리 아저씨다. 단순한 빵집이 아닌 사회에 도움이 되는 기업으로 탈바꿈하고 싶다는 말씀에 나도 모르게 '돈 많이 버세요!'라고 외쳤다. 좋은 뜻을 가진 분들이 돈을 많이 벌어 더 좋은 사회가 되는 날을 기대해본다. 많은 제빵사에게 존경받는 빵집, 100년을 이어가는 빵집이 되길 바란다.

1호점 에꼴드쉐프
주소: 서울 강동구 명일동 251-1 현대아파트상가 102, 103호
전화번호: 02-481-8260
휴무: 없음(명절 및 임시 휴무는 매장 공지)
홈페이지: http://www.bbangzip.co.kr

2호점 로겐하임
주소: 서울 강동구 명일동 48-13 환타지아빌딩 101호
전화번호: 02-481-8262
휴무: 없음(명절 및 임시휴무는 매장공지)
홈페이지: http://www.roggenheim.co.kr

블랑제리(Boulangerie) 11-17, 윤문주 셰프

강동구의 신흥 강자
BOULANGERIE 11-7

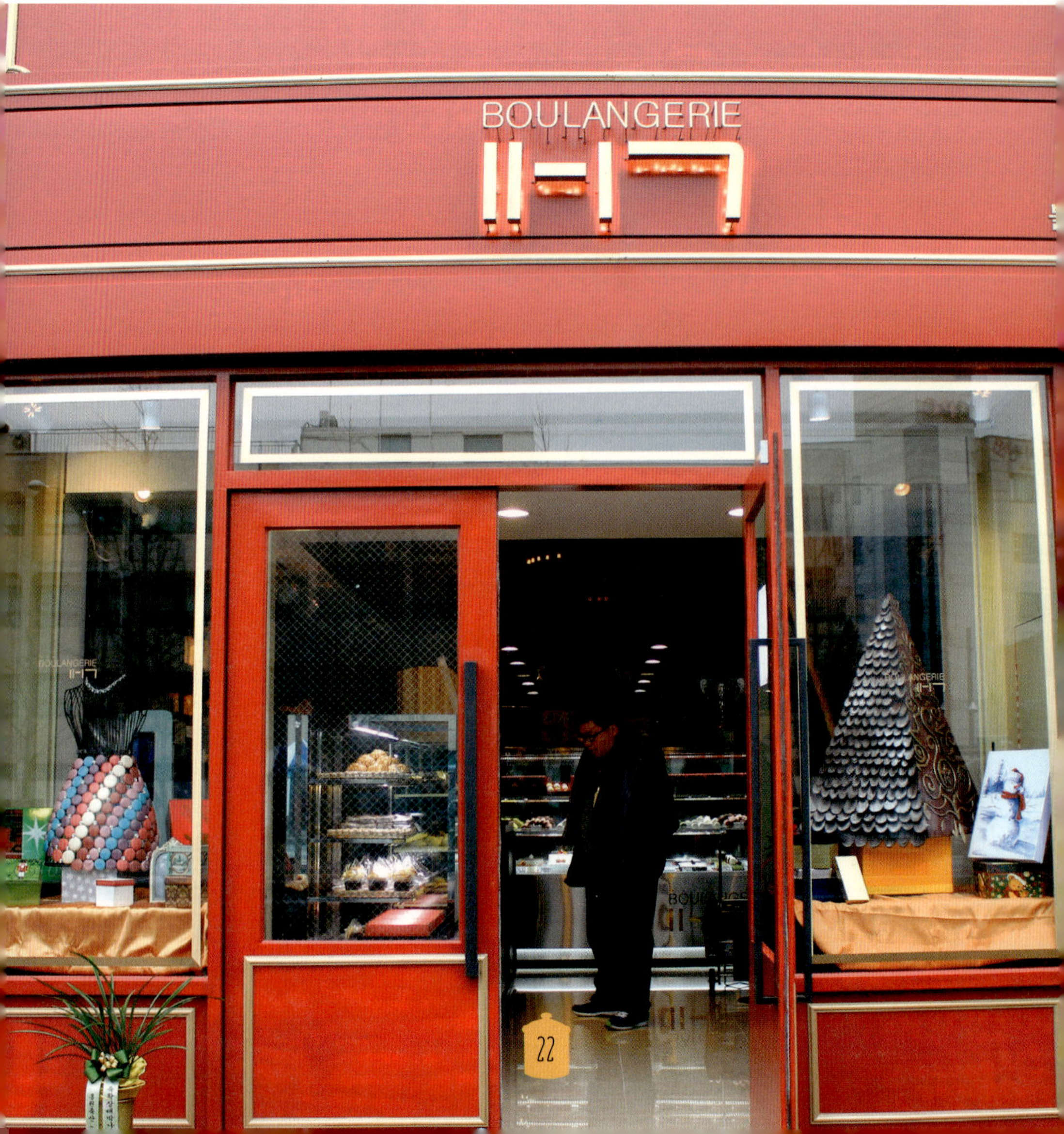

넓적한 슬리퍼 모양의 촉촉한
올리브 포카치아

블랑제리 11-17?

빵집 이름치고는 상당히 묘하다. 대부분 빵집 이름은 베이커리, 브레드 등 빵이 연상되는 이름을 붙이기 마련인데 숫자는 어떤 의미일지 궁금하다. 여름에 오픈했으니 오픈 날짜도 아니고 설마 셰프의 생일은 아닌가 하는 생각도 들었다. 이런 의문은 주소를 보면 바로 풀린다. 강동구 천호동 11-17번지에 위치한 빵집이라는 뜻으로 붙인 이름이다.

지하철역에서 나와 미로 같은 주꾸미 골목을 지나는 동안 양손에 하나 가득 빵을 들고 오는 사람을 많이 볼 수 있다. 인제 와서 하는 이야기지만 이 동네에 사는 분들도 이곳에 빵집이 있다는 것을 새로 이사 오기 전까지는 잘 몰랐다고 한다. 미로처럼 숨어 있어 이곳을 처음 오는 사람은 꼭 한 번은 길을 헤맨다고 하는데 왜 이곳에 가게를 열었나 하는 생각까지 들었다.

문을 열고 들어가면 주방과 진열대가 전부이다. 빵을 구워 바로 빵 진열대에서 식히면서 판매하는 곳으로 음료수도 팔지 않는 빵이 주인공인 빵집이다. 주방은 남자 세 명이 들어가면 꽉 차고 네 명 이상 빵을 사러 가면 서로 조금씩 양보해야 문을 열 수 있는 작은 가게이다. 하지만 작은 매장이지만 이곳의 빵 맛은 사람들의 입소문을 타며 손님의 발걸음이 끊이지 않았다. 쉬지 않고 만들어내는 빵도 오후 6시면 동나 사지 못하고 발걸음을 돌리는 사람도 많아졌고, 결국 빵집을 오픈한지 1년 만에 천호역 8번 출구 큰 길의 좀 더 넓은 매장으로 이전했다.

이전 후 생산량을 늘렸는데도 오후 7시면 빵이 거의 품절이며 빵은 전부 유리 진열대 안쪽에 있어 주문하면 포장해 주는 시스템이다. 1시 이전에 빵을 사면 20% 할인해 주니 이 시간대에 빵을 구매하면 좋다. 이사를 하면서 먹고 갈 공간이 생겨 커피도 판매하기 시작했다. 빵 때문에 음료수 메뉴에는 신경 쓸 수 없어 현재는 기본적인 아메리카노, 에스프레소, 카페 라떼만 판매하고 있지만, 이후 계속해서 음료수 메뉴를 늘릴 예정이라고 한다.

2층 계단과 연결되는 벽은 빵 그림이 가득 채우고 있다. 빵을 위한 공간이라는 것을 보여 주는 그림이다. 하물며 테이블 위에 있는 쿠션도 식빵 인형이다. 2층은 손님용 테이블과 작은 주방으로 이루어져 있는데 직접 케이크를 만드는 것을 볼 수도 있다.

강원도 사투리

1년 만에 많은 사람의 사랑을 받게 된 블랑제리 11-17의 윤문주 셰프의 첫인상은 꽤 인상적이었다.

"어서 오세요! 청국장을 넣어 만든 조금 색다른 빵도 있습니다."

청국장처럼 구수하고 친근한 말투가 어디서 많이 들어본 듯했다. 약간은 어색한 억양에 '~했나?'로 끝나는 강원도 사투리였다.

"셰프님, 혹시 강원도분이세요?"라고 물어보자 약간은 당황하면서 고개를 끄덕인다. 빵을 구매하면서 일상 이야기부터 내가 산 빵에 관한 설명도 해주고 빵 만드

는 방법도 알려 주니 대화가 끊임없이 이어진다. 강원도 강릉이 고향이고 나이가 더 들면 강릉에서 빵집을 하고 싶다는 속마음도 마치 오래된 친한 친구에게 말하듯이 들려준다.

손으로 뜯어먹는 올리브 포카치아

셰프와 서로 안부를 물으며 이야기를 나누는 즐거움에 먼 거리를 마다치 않고 자주 찾게 된 이곳에서 내가 좋아하는 빵은 올리브 포카치아, 크림치즈 세이글, 치즈바게트, 크랜베리 타이거 등이다.

올리브 포카치아는 넓적한 슬리퍼 모양의 쫄깃한 빵 속에 짭조름한 블랙 올리브가 숨어 있어 담백한 빵 맛의 중심을 잡아 주니 소스 없이 그냥 손으로 뜯어먹어도 맛있고 샌드위치로 만들기에도 좋다. 진주를 살포시 품은 조개처럼 크림치즈를 한 움큼 숨긴 동그란 모양의 크림치즈 세이글은 반으로 갈라 크림치즈와 빵을 느끼며 먹으면 더욱 맛있다. 하지만 블랑제리 11-17의 최고의 빵은 치즈바게트다.

_올리브 포카치아

__ 치즈바게트

바게트라고 하면 길쭉한 모양의 빵을 생각할 테지만 이곳의 바게트는 손바닥처럼 넓적한 흰 빵 속에 다 숨기지 못한 롤 치즈가 빵 윗부분까지 모습을 드러내고 있다. 먹을 때마다 느껴지는 진한 치즈 맛과 폭신한 빵의 궁합이 좋다. 게다가 가격도 2,500원이니 더 이상의 설명이 필요 없다. 크랜베리 타이거는 쌀가루를 위에 입힌 더치빵 스타일로 새콤한 크랜베리와 고소한 호두가 듬뿍 들어가 있어 두껍게 썰어 먹으면 더 맛있다. 그 이외에도 이나까, 레생크디아망, 천호 등의 고소하고 새콤한 빵들이 사랑받고 있다.

쇼 케이스 안에는 이전보다 다양한 종류의 케이크, 마카롱, 파운드 케이크, 수제 초콜릿 등도 보인다. 진하고 묵직한 초콜릿을 원한다면 리얼 쇼콜라를 추천한다. 동그란 모양의 쇼콜라 위에 무화과, 크랜베리, 살구, 호두, 헤이즐넛이 한 폭의 그림처럼 올라가 있어 묵직하면서 진한 맛을 뽐낸다.

셰프의 공식

이전한 가게는 예전보다 넓어진 탓에 윤문주 셰프를 자주 볼 수 없어 많은 사람이 아쉬워한다. 늘어난 직원을 관리하고 직접 시장에서 재료를 구매하고 신제품 테스트, 일러스트 공부까지 다양한 일로 바빠 매장에서 손님을 응대하는 시간이 줄었다고 한다. 그는 빵집을 이끌어가는 리더로서 해야 할 일은 각각의 구성원이 개인의 능력을 최대한 발휘할 수 있도록 환경을 조성하는 것이므로 그들의 뒤에서 묵묵히 일할 뿐이라고 한다. 블랑제리 11-17의 주인공은 본인이 아니라 빵, 손님, 직원이라고 한다.

또한, 그가 빵과 손님을 대하는 자세는 2층 벽에 큼직하게 적힌 '쉐프의 공식은 언제나 100-1=99가 아닌 0입니다'라는 글귀를 보면 알 수 있다. 이곳을 찾는 손님에게 100의 정성을 담아 모든 열정을 다 쏟아 부어 0이 되는 제대로 되는 빵을 만들겠다는 윤문주 셰프만의 공식이다. 단 하나의 빵에도 손님이 실망해서는 안 된다는 뜻이다. 적어도 그가 블랑제리 11-17를 이끌어 가는 동안은 절대 실망할 일은 없을 것 같다. 그런데 이제 이사해서 주소가 바뀌었으니 블랑제리 78-1 아닌가요?

블랑제리 11-7
주소: 서울 강동구 성내동 78-1번지 1층
전화번호: 02-6439-6718
휴무: 없음(명절 및 임시 휴무는 매장 공지)

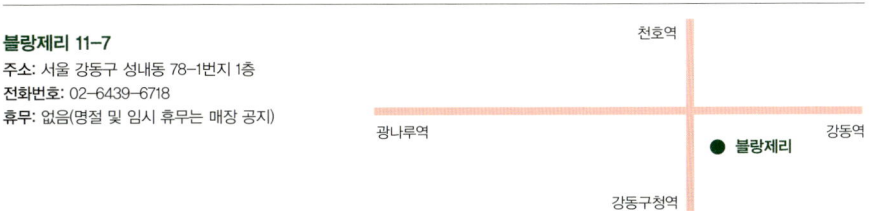

04

르빵(호수 베이커리), 임태언 셰프

제대로 망해보자며 시작한 제대로 맛있는 빵집
LEPAIN

베리와 넛트의 만남
베리넛

잠실의 작은 빵집

지금은 서울 곳곳에 맛있는 빵집이 생기고 있어 집 주변의 가까운 지역의 빵집을 골라 갈 수 있지만, 사실 불과 3~4년 전까지 만해도 대부분 빵집은 홍대, 이태원, 가로수길 같은 유명한 동네 위주로 자리 잡고 있었다. 유동 인구가 많은 송파구 잠실에 왜 맛있는 빵집이 없는지 의문이었다. 아마 비싼 임대료 때문일 것이다. "잠실에는 동네 빵집이 없어"라는 친구의 말을 듣고 가방 속의 수첩을 꺼내 들었다. 여러 빵집 이름 중 잠실 빵집은 없었지만 무심코 봤던 잡지 속의 '르빵'이 기억났다. 일요일에도 영업한다는 말에 아침부터 단단히 준비하고 길을 나선다. 처음 타본 지하철 8호선은 어색했다. 지하철 공사 중인 석촌역 주변의 휑한 분위기가 을씨년스럽지만, 그곳을 지나 주택가 골목으로 들어서면 르빵이 보인다.

르빵의 첫 이미지는 그냥 작은 빵집이었다. 들어가 보지 않아도 알 수 있을 정도로 작은 공간은 빵 진열대와 주방으로 이루어져 있다. 생각보다 더 좁은 주방, 그런 공간에서 어떤 빵을 만들 수 있을까 하는 의문이 들었다. 하지만 가게 앞 입구에 적힌 '천연발효종을 직접 배양하여 몸에 좋은 빵을 만들고 있으며 매일 노력하겠다'는 문구와 유리창 너머로 프랑스 밀가루(T-55)가 보이는 것이 그냥 작은 동네 빵집이라고 하기에는 예사롭지 않은 모습이다.

1일 매출 10만 원?

르빵의 임태언 셰프는 처음부터 빵을 만든 것은 아니다. 요리를 무척 좋아해 다니던 회사를 그만두고 식당에 주방 직원으로 들어가 설거지부터 재료 손질 등 주방 일을 익히면서 하루에 네 개의 학원에 다녔다고 한다. 체력은 한계에 다다르고 온몸이 땀 냄새로 진동하던 시절이었다. 그러던 중 디저트 부분으로 이동하면서 빵과 디저트에 관심이 생겨 프랑스로 날아가 맛있는 빵집들을 찾아다니기도 하고 공부도 하면서 유명한 수업과 연수를 닥치는 대로 다 들었다고 한다. 그 후 르빵 1호점을 오픈했지만 디저트와 브런치 위주의 매장이라 빵만 만들고 싶은 욕심에 다시 2호점을 오픈했다고 한다. 오픈

초기에는 동네 주민들에게는 주변 빵집과 다른 유럽 식사 빵이 생소했다. 하루 매출이 10만 원을 넘기지 못하고 '왜 단팥빵 같은 빵을 싸게 못 만드는가?'라며 동네 할아버지에게 호통을 듣기도 했다. 단팥빵을 500원에 판매하는 저렴한 빵집의 등장은 더욱 르빵을 더욱 위축시켰다.

빵 연구의 날

심각하게 폐업을 고민할 때쯤, 여러 다른 지역에서 빵집을 찾아오는 손님들이 신기해서 어떻게 알고 왔느냐고 물어보니 블로그에 올라온 빵집 소개 글을 보고 찾아왔다는 것이다. 여러 블로그에 올라온 다양한 서울 빵집에 관한 글을 읽으면서 다시 한 번 마음을 다잡을 수 있었다. "이왕 할 거면 제대로 하자! 망해도 제대로 망하자"라고 생각을 정리한 후 더 완성도 높은 맛있는 빵을 만들기 위해 열심히 노력했다.

매월 둘째 주 목요일을 빵 연구의 날로

정하여 유명한 셰프들과 함께 세미나를 하면서 직원 모두가 함께 빵을 만드는 시간을 갖기도 하고 유명한 빵집을 찾아가서 먹으며 르빵과 다른 점이 무엇인지 연구했다. 이런 노력을 손님들도 조금씩 알게 되었는지, 점차 찾아오는 횟수가 늘어나고 단골손님이 생기면서 결국 매출도 높아졌다. 돈을 번다는 것보다 르빵의 빵을 사람들이 알아준다는 기쁨에 밤새 일을 해도 즐거웠다.

호수 베이커리

하루 매출이 10만 원 미만이던 르빵이 맛있는 빵집으로 변신한 것은 잠실 부근 지역 주민들에게도 희소식이었다. 사과종 바게트, 통밀요거트, 무화과몬드, 베리넛은 르빵의 인기 제품이다. 베리넛은 아몬드, 헤이즐넛, 피스타치오, 크랜베리 등이 들어가 고소하면서도 새콤달콤하다. 무화과몬드는 직접 빻은 옥수수 가루, 고소한 아몬드, 달콤한 무화과가 잘 어울려 깊은 맛이 난다. 바게트는 아주 구수해서 굽자

__왼쪽부터 무화과 호밀빵, 베리넛

마자 바로 먹으면 매우 맛있다.

　1호점인 호수 베이커리에서도 빵과 디저트를 판매하고 있다. 발효종 빵 위에 구운 채소, 한우, 연어, 베리넛 등을 올린 타틴 브레드, 직접 만든 소스와 치즈가 잘 어울리는 호수샐러드가 맛있다. 쫄깃한 치아바타 위에 매콤한 토마토 잼, 루콜라, 토마토, 그리고 삼겹살처럼 두꺼운 베이컨을 올린 베이컨 샌드위치도 추천한다. 디저트로는 생크림 케이크과 마카롱이 맛있다.

　나와 호수 베이커리와의 인연은 2011년 겨울로 거슬러 올라간다. 내 생일을 축하하기 위해 11월에 잠실에서 만나자는 친구의 말에 근사한 레스토랑보다는 고등학교 시절이 생각나는 즉석 떡볶이를 먹고 싶어 33살의 생일 메뉴를 떡볶이로 결정했다. 그리고 디저트는 근처 빵집을 검색해 호수 베이커리로 갔다.

　마침 호수 베이커리에 대형 케이크가 없어 쇼트케이크와 마카롱으로 생일 케이크를 대신했는데 그때 먹은 것은 티라미스다. 티라미스는 날 끌어 올린다는 뜻의 이탈리아 케이크로 친구와 서로 한 포크씩 나눠 먹으며 호수 야경을 바라보며 열심히 수다를 떠들었다. 그때 우연히 들렀던 곳이 호수 베이커리라니, 이렇게 나와 르빵은 떼려야 뗄 수 없는 사이라고 막 우겨본다.

　임태언 셰프는 석촌역 작은 골목에 대략 5~6개 정도의 빵집이 생겼으니 홍대처럼 빵 거리가 만들어지면 좋겠다고 한다. 석촌, 잠실에도 맛있는 빵 골목이 생긴다면 서울 다른 지역에도 새로운 빵 골목이 생길 수도 있다는 기대감에 가슴이 두근거린다. 그리고 나도 그런 기획에 참여하고 싶다. 홍대, 가로수길, 이태원에 이어 석촌의 빵 골목 완성을 기대한다.

1호점 호수 베이커리
주소: 서울 송파구 잠실동 47
전화번호: 02-2202-7545

2호점 르빵
주소: 서울 송파구 송파동 22
전화번호: 070-8973-7004

3호점 롯데월드 타워점
주소: 서울 송파구 롯데월드타워 쇼핑몰동 1층
전화번호: 02-3213-4180

4호점 명동성당점
주소: 서울 중구 명동길74 명동성당1898 B103호 르빵
전화번호: 02-3789-7545
휴무: 1호점(없음), 2호점(매월 둘째 주 목요일)
홈페이지: www.lepain.co.kr

올 어바웃 카스테라(all about castella), 권은영 셰프

집에서 만든 홈메이드풍의 건강 카스텔라

ALL ABOUT CASTELLA

달걀, 설탕, 밀가루, 꿀의 환상적인 조화
카스텔라

카스텔라 전문점

우리 집에서 거의 정반대인 송파구 오금동 5호선 개롱역에 카스텔라 전문점이 오픈했다는 소식을 들었다. 환승 시간까지 포함하면 집에서 대략 1시간 40분이 걸리니 KTX를 타면 대구까지도 갈 수 있는 시간이다. 하늘은 파랗고 날씨가 좋아 나들이가 생각났던 어느 날 나는 어느새 개롱역 2번 출구를 나오고 있었다. 평일 오후, 조용한 동네 분위기가 마음에 들었다. 역에서 2~3분도 채 되지 않는 아파트 상가 입구에 위치한 '올 어바웃 카스테라'가 보였다. 하지만 매장 앞에 도착하니 나를 반겨 주는 것은 '내부 수리 중'이라는 문구였다.

일본의 명물인 나가사키 카스텔라의 인기에 힘입어 한국에서도 카스텔라 전문점들이 생기고 있다. 카스텔라의 재료는 달걀, 설탕, 밀가루, 꿀 등으로 재료의 양, 굽는 방법에 따라 여러 가지 맛이 난다. 카스텔라의 어원은 스페인의 옛 지방인 카스티야를 포르투갈어로 읽은 것이다. 나가사키 카스텔라는 일본 나가사키에 포르투갈 상인이 카스텔라를 들여온 후 발전시켜 지역의 명물로 재탄생한 빵이다.

푸근한 시골집 분위기

카스텔라를 먹기 위해 나는 다시 길을 나섰다. 이번에는 다행히 영업 중이었다. 매장 앞에 도착하니 전면 유리에 뽀얗게 김이 서려 있었다. 바로 문을 열고 들어갔다. 문 바로 옆의 작은 허브 화분들이 좋은 향기를 뿜내며 나를 반겨 주었다.

"어서 오세요!"

밝게 인사하는 권은영 셰프님이 보였다. 마음씨 좋은 옆집 아주머니 같기도 하고 엄마 같기도 한 편안한 복장을 한 셰프님은 금방 구운 빵 한 조각 나눠 줄 것 같은 인상이다. 매장에 들어설 때 긴장되는 곳이 있는가 하면 이곳처럼 편안한 분위기의 곳도 있다. 전체적으로 나무로 꾸민 공간 속에 직접 담근 수제 차가 매장 곳곳에 가득하니 시골집에 온 것처럼 푸근함이 느껴진다. 유자차, 대추 생강차, 레몬 생강차, 사과차, 모과차 등을 팔고 있으니 기호에 맞춰 좋아하는 차를 마실 수 있고 병째로 팔기도 하니 선물용으로도 좋고 집에서 즐기기에도 좋다. 하지만 카스텔라 하면 뭐니 뭐니 해도 우유다. 그래서 우유도 판매한다.

무항생제 달걀로 만든 카스텔라

본격적으로 빵과 카스텔라를 구경했다. 카스텔라 전문점이지만 손님들의 요청에 따라 우유, 버터, 달걀, 설탕을 넣지 않고 만든 치아바타도 판매하고 있다. 치즈 밟은 곰발바닥, 점돌이 곰발바닥, 빨강 점순이 곰발바닥 등 귀여운 이름의 블랙 올리브, 크랜베리가 들어간 빵이다. 자극적이지 않은 맛에 카스텔라를 사러온 어른들께도 인기가 많다.

쇼 케이스 앞에는 유화제나 팽창제를 넣지 않고 무항생제 달걀을 사용한다는 인증서와 소신을 적은 문구가 보인다. 이곳의 카스텔라는 나무틀에서 천천히 굽기 때문에 하루에 많은 양을 만들 수 없는 느림보 카스텔라라고도 하며 밀봉해 냉장 보관하지 않으면 실온에서는 곰팡이가 생

긴다. 그래서인지 근처의 주민들은 아이들 생일 케이크로 카스텔라 한 판을 주문하기도 한다.

오리지널 카스텔라, 녹차 카스텔라, 초코 카스텔라, 치즈 카스텔라, 모카 카스텔라의 다섯 가지 맛의 카스텔라를 판매하고 있다. 크기는 반(half), 전체(full)로 포장할 수 있고 한 조각씩도 살 수 있다. 시식용 카스텔라도 준비되어 있으니 입맛에 맞는 카스텔라를 선택할 수 있다. 카스텔라를 얇게 썰어 그대로 구운 카스텔라 쿠키 또한 별미로 바삭하고 달콤한 것이 입속에서 살짝 부서지는 맛이 일품이다.

주문한 차와 카스텔라가 나오기를 자리에 앉아 기다리면서 먼저 나온 치즈 밟은 곰발바닥 빵을 먹어보았다. 쫄깃한 빵 속에 롤 치즈가 듬뿍 들어 있어 짭조름한 치즈가 담백한 빵 맛에 재미를 더한다. 흡사 손바닥, 아니 곰 발바닥처럼 넓적하게 생긴 모양이 곰이 치즈를 밟고 간 모양이다.

오리지널, 녹차, 초코는 작은 조각으로 주문하고 치즈는 포장했다. 절단면의 밀도가 고르고 탄력이 있어 한쪽이 무너지거나 뭉치지지 않았다. 촉촉하면서도 쫄깃해 입에서 씹는 맛이 살아 있다. 녹차와 초코는 쌉쌀한 맛이 달콤한 설탕과 균형이 잘 맞는다. 전체적으로 재료의 맛이 은은하게 나면서도 묵직한 풍미를 풍겨 좋다. 우유랑 함께 먹으면 카스텔라가 우유를 빨아들여 촉촉해지면서 달콤해져 더 맛있다. 가볍지 않고 적당한 밀도와 탄력을 유지하고 있기 때문이다. 오랜만에 맛있는 카스텔라를 만났다.

조용히 차를 마시고 있는 나에게 매장의 바쁜 일들을 마친 권영은 셰프님이 말을 걸어왔다. 물론 주방에서 일하면서 자연스레 말을 건네신다.

"맛있게 드셨어요? 사실 전문 교육 기관을 다니지 않고 집에서만 만들다가 덜컥 가게를 냈어요. 그래도 카스텔라만큼은 제대로 만들고 싶어요. 아직은 가게 운영이나 손님 접객에 매우 서투르지만 노력하고 있답니다."

서툴다의 사전적 의미는 일에 익숙하지 못하다는 것인데 이곳은 서툴기보다는 세련되지 못하다는 말이 더 잘 어울린다. 셰프가 차린 멋스러운 식탁은 아니지만, 엄마가 차려준 밥과 찌개의 소박한 집밥이 생각나는 그런 맛이 있다. 친절한 셰프님과 맛있는 카스텔라와 차 한잔이면 충분하다.

원고를 쓰는 내내 고민했다. 자장면이 다시 짜장면이 된 것처럼 카스텔라도 카스테라가 되면 안 될까요?

올 어바웃 카스테라
주소: 서울 송파구 오금동 407
　　　가락 상아아파트 상가 1층
전화번호: 02-401-3096
휴무: 일요일

폴 앤 폴리나(Paul&Paulina), 최종성 셰프

최소한의 재료, 식사 대용의 데일리 브레드

PAUL&PAULINA

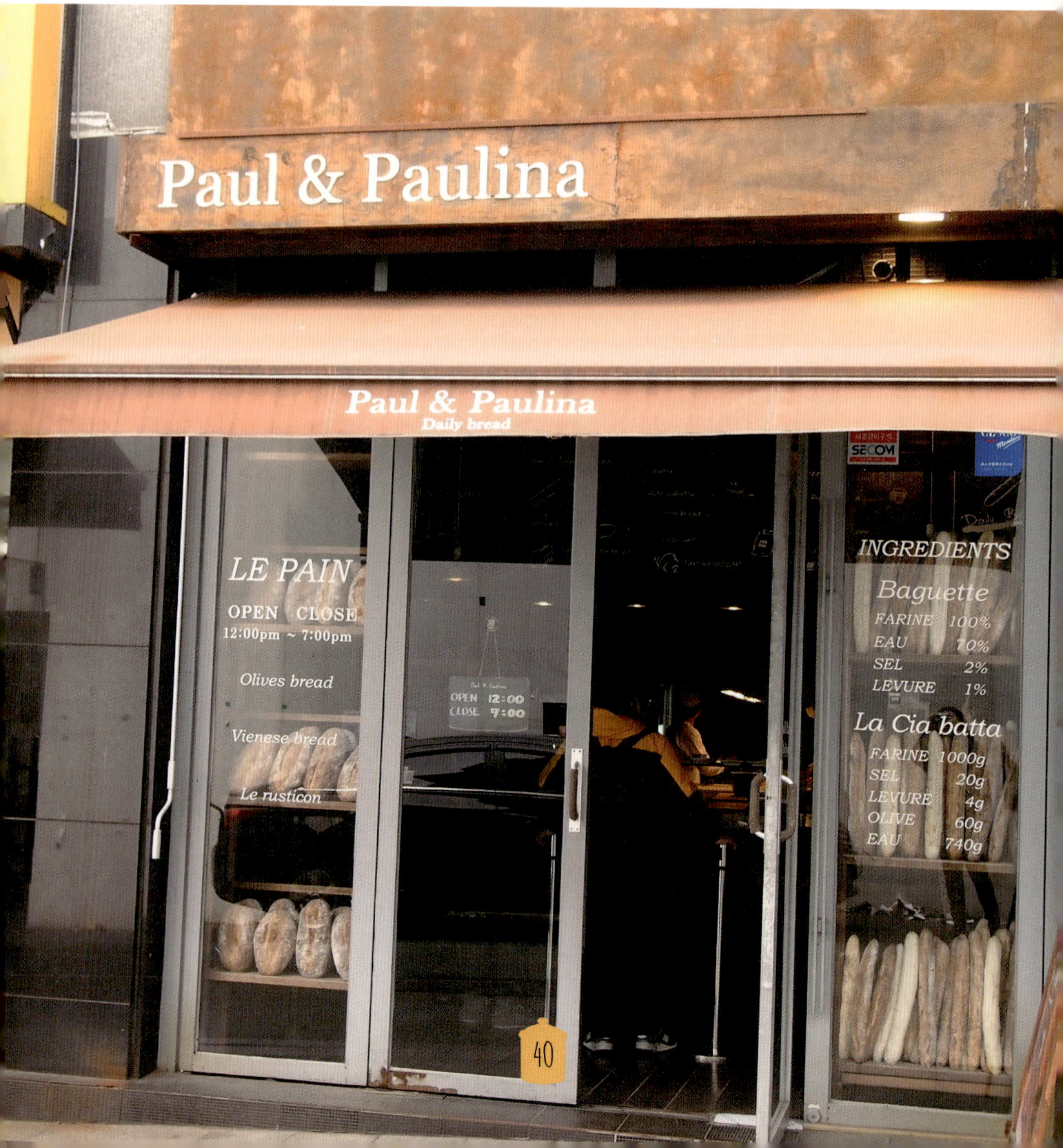

유럽 식사 빵의 첫 등장
블랙 올리브&버터 프레첼

국내 데일리 브레드의 시초

빵을 좋아하는 사람에게 어느 빵집을 좋아하느냐고 물어보면 망설임 없이 가장 좋아하는 빵집으로 폴 앤 폴리나라고 대답하는 경우가 많다. 아마도 처음 맛본 유럽 식사 빵의 맛과 매장 분위기가 '뇌리' 속에 깊이 박혀 있기 때문일 것이다.

폴 앤 폴리나는 홍대 앞에서 가장 먼저 유럽 식사 빵을 판매하기 시작한 곳으로 멀리서도 빵을 사러 손님이 오고, 빵이 다 팔리면 문을 닫고, 예약까지 하며 손님이 빵을 사는 빵집으로 대중에게는 신선한 충격을 주었다. 빵집이나 식당은 대부분 밤늦게까지 장사한다. 지방의 빵집을 다니며 놀란 것은 연중무휴로 쉬지 않고 일하는 곳이 많다는 점이었다. 이런 상황에서 폴 앤 폴리나의 영업 방침은 어찌 보면 배짱을 부리는 것처럼 보일 수도 있다. 하지만 여러 수식 문구가 붙는 폴 앤 폴리나는 식사 대용의 데일리 브레드를 대중화하는 데 가장 큰 역할을 한 곳으로 많은 빵집의 벤치마킹 대상이며 홍대와 상수동 근처를 빵 문화, 빵 투어의 중심으로 만든 장본인이기도 하다.

줄 서서 사 먹는 빵

처음 찾아갔던 날 아직 오픈 전인데도 빵을 사기 위해 사람들이 길게 줄지어 서 있는 모습이 보였다. 이제는 빵집 앞에서도 긴 줄을 서는 시대가 온 것이다. 고풍스러운 간판에 영어로 적힌 'Paul&Paulina'는 우리나라의 철수와 영희 같은 이탈리아에서는 평범한 이름으로 평범한 일상생활 속에서 즐기는 식사 빵을 파는 가게가 되고 싶다는 셰프의 생각에서 나온 아이디어라고 한다.

오픈 시간인 정오 12시가 되어 문이 열리면 차례대로 매장에 들어가 빵을 고를 수 있다. 빵을 먹고 갈 장소는 없기에 구매한 후 바로 포장해서 나와야 한다. 20여 가지의 빵들이 진열대를 채우기 무섭게 금세 바닥을 보인다.

진열대 위에는 갓 나온 빵을 큼직하게 잘라 시식용으로 제공하고 있어 입맛에 맞는 빵을 고르는 데 도움이 된다. 몇 조각 먹으면 배가 부를 정도로 큰 시식 빵이 마음에 든다. 종류별로 빵을 시식할 수 있는 것은 이곳의 대표적인 영업 방침이다. 처음 매장을 오픈했을 때는 일 매출이 30만 원 정도라 존폐의 위기를 맞았지만, 빵 맛을 알아야 손님이 빵을 살 수 있겠다는 생각에 큼직하고 푸짐하게 빵을 썰어 시식용으로 내놓기 시작했다고 한다. 빵을 맛본 손님들은 흔쾌히 빵을 샀고 단골손님도 많이 생겼다.

또한, 바로 먹을 빵이 아니면 썰어 주지 않는다. 이유는 간단하다. 폴 앤 폴리나의 빵은 대체로 기공이 커서 미리 썰면 딱딱하게 마르고 질겨지므로 먹기 직전에 바로 썰어 먹는 것이 맛있기 때문이다. 손님이 빵을 먹을 때까지 맛을 유지할 수 있도록 신경 쓰고 있다. 오래 보관하면 맛이 변하므로 보관 방법이나 데워 먹는 방법도 매장 곳곳에서 안내하고 있다.

단순하고 투박한 빵

내 차례가 돌아오자 빵을 한가득 골랐다. 크루아상, 프레첼, 화이트바게트, 블랙 올리브빵, 허브빵 등 어느 것 하나 빼놓을 수 없다. 고소한 빵 향기에 집에 도착할 때까지 참을 수 없어 근처 카페로 향했다. 포장지 너머 은은하게 전해지는 빵

의 온기 때문에 손이 따뜻하다. 이곳의 빵은 요즘 유행하는 천연 발효종 빵이 아닌 소량의 이스트를 사용해 장시간 발효한 빵이다. 기본 공정 과정을 철저히 지키면서 부담 없고 질리지 않으며 소화가 잘 되는 빵이니 말 그대로 식사 대용으로 좋다. 첨가제를 넣지 않고 최소한의 재료를 넣어 담백하게 만든다. 모양이 예쁜 것도 아니고 화려하지도 않다. 하지만 씹을수록 고소하고 쫄깃한 빵 본연의 맛이 느껴지고, 올리브 오일이나 발사믹 식초와도 잘 어울리고 샌드위치에도 잘 어울리는 빵이다.

긴 바게트는 반으로 잘라서 팔기도 한다. 화이트바게트의 쫄깃한 맛이 씹을수록 담백해서 잼이나 오일과도 잘 어울린다. 우리가 딱딱하다고 생각하는 전통 바게트와는 식감이나 생김새가 다르다. 크러스트라고 부르기도 뭐할 정도의 얇은 껍질은 바삭하고 빵 속은 단순하지만 촉촉해서 맛있다. 어찌 보면 바게트라는 빵을 사람들에게 널리 알린 주인공이 화이

__블랙 올리브

트바게트일 것이다. 화이트바게트를 응용한 블랙 올리브빵은 오븐에 구운 올리브를 듬뿍 넣어 꽤 짭짤해서 그냥 먹어도 좋다. 설탕과 버터 대신 올리브 오일을 듬뿍 넣고 바질을 넣어 은은한 향이 나는 허브빵도 인기가 많다.

폴 앤 폴리나에 가면 꼭 사는 독일 빵인 프레첼은 스틱 모양과 전통 스타일로 만든 기도 손 모양이 있다. 프레첼을 반으로 갈라 무염버터를 넣은 버터 프레첼은 고소한 버터와 우박처럼 뿌려진 소금, 쫄깃한 빵이 잘 어우러진다. 스틱 모양의 프레첼은 핫도그처럼 한입씩 베어 먹는 재미가 있다. 물론 맥주 안주로도 안성맞춤이다.

이쯤 되면 폴 앤 폴리나의 최종성 셰프님이 궁금해진다. 주방으로 눈을 돌려봤지만 셰프님을 찾을 수 없다. 그 이유는 직원들과 똑같은 복장으로 함께 빵을 만들고 계시기 때문이다. 오너 셰프라는 이유로 더 화려하거나 튀는 복장을 할 법도 한데 그는 직원과 똑같은 하얀 유니폼과 앞치마, 그리고 모자를 착용하고 묵묵히 일한다.

"요즘은 100세 시대잖아요. 당연히 80세가 되어도 밀가루를 잡고 있겠지요."

서있을 힘만 있다면 그때까지 빵을 만들고 싶다고 셰프는 말한다. 제빵사는 빵으로 이야기해야 하므로 주방을 지키는 일은 당연하다고 한다. 평범한 삶을 살아가는 보통 사람들처럼 평범한 이름의 폴 앤 폴리나인 것이다.

데일리 브레드, 20여 가지의 빵, 담백한 맛, 예약 가능, 100% 포장 가능. 새로운 빵 문화를 탄생시킨 폴 앤 폴리나, 이름처럼 마냥 평범한 곳은 아니다.

폴 앤 폴리나 1호점
주소: 서울 마포구 서교동 244-6 칼리오페빌딩 102호
전화번호: 02-333-0185

폴 앤 폴리나 2호점
주소: 서울 영등포구 여의도동 37 아일렉스상가 114호
전화번호: 02-761-1966

폴 앤 폴리나 3호점
주소: 서울 종로구 내수동 74 광화문 시대빌딩 105호
전화번호: 02-739-5520
휴무: 일요일
홈페이지: www.paulnpaulina.co.kr

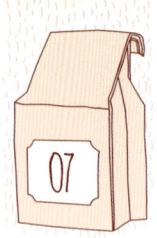

07

빵나무(Bread Fruit), 김용식 셰프

탕종법의 달인,
쫄깃쫄깃한 탄력이 매력인 식빵!
BREAD FRUIT

달인이 만드는 쫀득쫀득한
식빵

빵이 열리는 빵나무

17세기 네덜란드의 유명한 철학자인 스피노자는 지구가 멸망하는 마지막 날에는 사과나무를 심겠다고 했다. 희망을 나타내는 사과나무를 심겠다는 그의 말에 빗대어 나는 빵을 좋아하므로 빵나무를 심겠다고 자신 있게 말한다. 빵을 좋아하는 사람에게 제일 좋아하는 나무가 무엇이냐고 묻는다면 빵이 주렁주렁 열리는 상상 속의 빵나무라고 말할 것이다. 그러나 빵나무는 상상 속에만 존재하는 것은 아니다. 정글 속에서 자라는 '브레드 플루트(Breadfruit)'라는 나무의 열매는 익으면 빵 맛이 난다고 한다.

진짜로 나무에 빵이 열매처럼 열린다면 깜빠뉴 나무, 바게트 나무, 식빵 나무, 단팥빵 나무를 심고 싶다. 그러면 빵집에 갈 일도 없을 것이다. 황당하지만 재미있는 상상을 하면서 야근으로 파김치가 된 몸으로 퇴근하던 중 휴대폰 메시지를 하나 받았다.
"홍대를 막 걷다가 새로운 빵집을 발견했는데, 빵나무라고 맛도 좋아요."
새로운 빵집 소식에 갑자기 기분이 좋아졌다. 마침 2호선을 타고 있었던 터라 바로 홍대입구역에서 내려 빵집으로 향했다. 여러 골목을 지나 도착한 빵나무의 첫인상은 홍대 주변의 다른 빵집과는 달리 여행지에서나 볼 수 있는 통나무 펜션 같은 정겨운 분위기였다. 친근한 느낌을 주는 간판의 폰트까지 어린 시절에 본 듯한 동네 빵집의 모습이 인적이 드문 골목과 묘하게 맞아 떨어졌다. 흔하지 않은 분위기의 빵집이라서 좋았다. 색다른 빵이 있을 거라는 기대를 안고 매장으로 들어갔다.
매장 곳곳은 김용식 셰프의 손때가 묻어 있었다. 직접 만든 빵 이름표에는 빵 이름, 만드는 방법 등이 적혀 있고, 크리스마스 때는 나뭇가지를 이용해 만든 트리를 장식해 놓기도 한다. 셰프의 이런 솜씨는 아들이 받은 상장을 넣기 위해 직접 액자를 만드는 아버지께 물려받은 것 같다.

흔쾌히 '사진 촬영을 해도 된다'는 말에 카메라를 꺼내 매장 곳곳을 촬영했다. 카메라 렌즈 너머로 케이크 작업을 하는 셰프의 모습에서 비장함마저 느껴진다. 촬영한 사진을 바로바로 확인하면서 앉아 있던 나를 궁금해하는 셰프의 시선이 느껴졌다.

잠시 작업을 멈추고 휴식을 취하는 김용식 셰프와 이야기를 나누었다. 어떤 빵집을 좋아하는지, 지방의 어느 빵집을 가봤는지, 어떤 빵을 좋아하는지 등 여러 이야기를 나누었다. 지금 생각해보면 초면이라 이런 대화가 어색했을 법도 한데 이야기를 나누다 보니 금세 시간이 지났다. 이야기를 마친 후 간단한 눈인사를 한 후 다시 빵으로 눈길을 돌렸다.

입이 기억하는 맛

시간이 늦어 이미 빵이 많이 팔린 상태라 남아 있는 빵 중에 통밀부추빵, 강낭콩배기, 로즈마리 포카치아를 골랐다. 한국의 허브라고 할 수 있는 부추와 구수한 통밀이 잘 어울리는 통밀부추빵을 먹으니 몇 년 전 일산 화정역의 '몽모랑시'에서 먹었던 부추 치아바타가 생각났다. 쫄깃한 빵과 아삭한 부추의 식감이 뛰어난 빵으로 발사믹 식초보다는 간장에 찍어 먹으면 더 맛있다. 밤식빵은 보늬밤과 밤 다이

스가 가득해서 달콤한 밤이 부드러운 빵과 잘 어울리는 맛이다. 어렴풋이 몽모랑시에서 먹었던 밤식빵이 떠올랐다. 그런데 후에 알고 보니 몽모랑시의 부추 치아바타와 밤식빵은 빵나무의 김용식 셰프가 그곳에 근무하던 시절 직접 레시피를 연구해서 만들었던 빵이라고 한다. 오래전에 먹었던 빵을 다시 먹자 바로 기억이 나는 것을 보면 머리보다 입이 맛을 더 정확하게 기억하는 것 같다.

빵나무에서 제일 인기 있는 빵은 생크림 앙금빵으로 고소한 생크림과 달콤한 앙금이 잘 어울려 팥 무스를 먹는 기분이다.

찰식빵, 단호박식빵, 잡곡식빵, 밤식빵 등에 봉긋하게 올라온 오븐 스프링이 귀엽다. 갓 나온 식빵을 그대로 뜯어먹거나 잘라서 먹다 보면 가장자리 부분까지 다 먹어 치우게 된다. 다른 빵집의 식빵보다 좀 더 묵직하고 촉촉하게 느껴지는 건 수분을 많이 머금고 있기 때문이다. 빵나무만의 반죽법에 촉촉한 식빵의 답이 있다.

탕종법의 달인 '빵의 연금술사'

빵나무의 빵은 끓는 물에 반죽을 넣어 만드는 '탕종법'이라는 방법으로 만든다. 탕종법은 예전부터 내려오는 제빵법의 하나로 여러 제빵사가 사용하는 방법이다. 김용식 셰프는 자신이 원조라고 말하지 않는다. 다만 오랜 경험을 통해 본인만의 방식으로 변형하여 발전시켜 왔다고 한다.

커다란 볼 안에 반죽을 넣고 도치로 불을 쐬어 온도를 올린 후, 김이 나는 뜨거운 반죽을 꺼내 본 반죽과 섞어 빵을 만드는 과정은 보기에도 힘들어 보인다. 그렇게 몇 번이나 손을 움직여 빵 반죽을 만든 후 발효를 거쳐 빵을 오븐에 넣는다.

반죽하는 모습을 보면서 만화를 좋아하는 나는 황당한 생각을 했다. 《강철의 연금술사》라는 만화에서는 주인공들이 등가교환의 법칙을 따라 재료를 배합하고 재구축해서 새로운 물질을 만든다. 탕종법으로 물과 밀가루를 등가교환하여 여러 가지 빵을 뚝딱 만들어내는 김용식 셰프를 보고 있노라면 '빵의 연금술사'처럼 보인다.

뜻밖에 만화와 영화를 좋아하는 김용식 셰프에게 이런 생각을 들려주자 본인은 빵에서 등가교환이란 자신은 좋은 빵, 맛있는 빵을 만들고 그 빵을 찾는 손님이 오고, 그러면 본인은 다시 손님이 더 많이 오도록 좋은 빵을 만드는 것이라고 한다.

빵나무
주소: 서울 마포구 동교동 201-48
전화번호: 02-322-0045
휴무: 없음(명절 및 임시 휴무는 매장 공지)

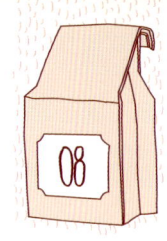

쉐즈롤(CHEZ-ROLL), 김원선 셰프, 김영식 셰프

평범한 속의 기본이 충실한 롤케이크, 쉐즈롤
CHEZ-ROLL

크림과 시트가 대비 비율로 돌돌 말려 있는 롤케이크

롤케이크 집

사실 나는 롤케이크를 그다지 좋아하지 않는다. 내 기억 속에서의 롤케이크는 선물용으로 인사 갈 때 들고 가면 적당히 멋있는 그런 존재였다. 선물용 빵이라는 말에 많은 분이 공감할 것 같다. 퍽퍽해서 목이 막히고, 보일 듯 말듯 대충 바른 잼이나 크림은 너무 달거나 양이 적어 한 조각 이상 먹지 못했던 기억뿐이다. 그러나 이곳의 롤케이크를 먹고 난 후 롤케이크에 대한 생각을 확실히 바꾸게 되었다.

쉐즈롤은 쉐즈(CHEZ)와 롤(ROLL)을 합친 말로 '롤케이크 집'이라는 뜻이다. 어법에 맞는지는 모르겠지만, 정말 맛있는 롤케이크를 만들고 싶어서 이런 이름을 붙였다고 한다. 매장 바로 앞에는 서교초등학교가 있어 공사하는 동안 아이들이 놀러 오면 함께 핫초콜릿을 마시며 이야기를 나누기도 했다. 아이들은 '롤케이크만 팔아도 장사가 되나요?'라며 귀여운 걱정도 해 주었다고 한다. 매장 오픈 전, 테스트 삼아 구운 롤케이크를 아이들과 나눠 먹으면서 어느새 '빵 형, 빵 누나'라는 애칭으로 불리게 되었다. 왠지 아이들의 달콤한 사랑방 같은 곳이 되어버린 쉐즈롤의 귀여운 뒷이야기이다. 지금도 아이들은 아빠와 엄마의 손을 잡고 오는 든든한 단골손님이다. 성장기인 만큼 금세 크는 아이들을 보면 쉐즈롤의 오픈이 마치 오래전 이야기 같다고 한다.

홍대 앞 작은 가게

2013년 2월, 쉐즈롤은 홍대의 작은 골목 안에서 문을 열었다. 홍대의 메인 골목도 아

니고 안쪽에 숨어 있는 초등학교 앞에 자리 잡았기에 오픈 소식이 반갑기도 했지만, 너무 외진 곳은 아닌지, 주변의 뛰어난 빵집과 카페가 많아 단일 품목인 롤케이크로 인정받기도 전에 큰 어려움을 겪는 건 아닌지 하는 걱정도 들었지만, 일본 여행을 통해 느낀 롤케이크를 셰프들이 어떻게 표현할지 궁금했다. 게다가 최근에는 오히려 단일 품목의 전문성으로 맛과 개성을 인정받는 가게가 많아지고 있다.

오픈 첫날 가게에 도착했을 때 마침 비가 내렸다. 옛이야기에 가게 오픈 첫날에 비가 오면 대박이 난다는 말이 생각났다. 매장 앞에 돌돌 말린 롤케이크를 형상화한 귀여운 녹색 달팽이 로고가 보였다.

"반가워요. 언니. 먼 길 오셨네요."

반갑게 맞이해 주는 소녀 같은 김원선 셰프가 보였다. 앞치마에 하얀 밀가루를 묻힌 모습, 이제 막 매장을 오픈해서 손님을 응대하면서 여기저기 테이블에 인사하며 손님들의 이야기를 세심하게 듣는 모습, 종종걸음으로 뛰어다니는 모습이었다. 주방 안쪽에서 조용히 일하고 있는 김영식 셰프를 보고 있으려니 우리가 처음 만났던 그 날이 생각났다. 두 셰프는 예전이나 지금이나 똑같다.

2010년쯤 세미나에서 열심히 마카롱을 준비하고 있던 두 명의 남녀를 만났다. 그들이 바로 쉐즈롤을 이끌어 가는 김원선, 김영식 셰프로 그 당시 둘은 같은 제과점에서 일하고 있었다. 묵묵히 세미나를 위해 재료를 준비하며 일하는 그들의 모습을 계속 눈여겨보다 세미나가 끝난 후, 어색하지만 수줍게 서로 인사를 나누었다.

그 후, 그들이 가게를 옮길 때마다 따라다니며 새롭게 선보이는 빵을 맛보았다.

다양한 맛의 롤케이크

테이블 한쪽에 자리 잡고 앉아 롤케이크를 골랐다. 플레인, 녹차, 쇼콜라, 다크체리, 티라미스 등은 항상 판매하고 딸기는 제철일 때만 계절 제품으로 판매한다. 한 조각씩 살 수도 있고 절반(half), 전체(full)로도 살 수 있고 예약도 가능하다. 당일 생산, 당일 판매가 매장의 운영 방침으로 시간이 걸리더라도 아침에 구워 숙성시킨 롤케이크를 내놓는다. 빵은 갓 구워 따뜻한 것이 맛있지만, 롤케이크는 어느 정도 실온에서 보관한 것이 더 맛있다. 시트와 촉촉한 크림이 서로 어우러지기 때문이다. 크림과 시트로 구성된 기본에 충실한 플레인, 예쁜 딸기 하나가 가운데 자리 잡고 있는 딸기, 발로나 72% 초콜릿으로 만든 초콜릿 시트의 쇼콜라, 국내산 보성 녹차와 알알이 씹히는 팥이 크림과 어울려 달콤한 녹차 등 각각의 롤케이크는 저마다의 개성적인 맛을 뽐낸다. 밀가루가 들어가지 않은 진한 시트와 부드러운 크림, 다크체리, 짭조름한 소금 캐러멜이 맛을 완성해 주는 다크체리 캐러멜, 바삭한 크런치와 직접 끓인 커피시럽이 들어간 부드러운 시트의 티라미스도 인기가 많다.

그중에서도 내가 제일 좋아하는 것은 플레인과 녹차이다. 롤케이크의 맛은 크림에 따라 결정된다. 크림과 시트가 거의 1:1 비율로 말려 있는 평범한 롤케이크가 홍차와 함께 등장했을 때 큰 기대는 없었다. 하지만 한 입 먹자 폭신하고 뽀송뽀송한 시트에 놀랐다. 진하고 부드러운 크림,

__티라미스 롤

음료수가 없어도 꿀꺽하고 넘어가는 느낌이 좋았다. 평소 같으면 남겼을 법한 롤케이크를 두 개나 먹었다. 방심했다면 몇 개는 더 먹었을 것이다.

'우유를 갈아 넣은 망고, 딸기'는 살짝 얼린 우유를 간 후, 직접 당에 절인 망고와 과일을 넣어 만드는 음료수로 사랑스러운 맛이다. 양도 넉넉해서 한잔만 마셔도 배가 부를 정도다. 또한, 홍대 주변의 디저트 카페와 비교하면 부담 없는 가격으로 유명한 홍차 브랜드인 마리아쥬 프레르도 맛볼 수 있다. 오픈 당시에는 커피를 팔지 않았지만, 지금은 드립 커피도 판매한다.

따뜻한 봄 햇살이 가득한 날, 쉐즈롤에서 우연히 만난 사람들과 나른한 오후 티타임을 가졌던 기억이 떠오른다. 서로 처음 대면하는 사이임에도 롤케이크와 홍차 한잔을 함께 먹으니 돌돌 말린 시트가 스르륵 풀리듯이 마음속 이야기도 스르륵 나왔다. 이것이 바로 빵, 디저트의 매력이 아닐까?

나는 평범하면서도 기본에 충실한 롤케이크를 먹고 싶을 때면 언제든지 쉐즈롤로 발걸음을 돌린다.

쉐즈롤
주소: 서울 마포구 서교동 342-19 1층
전화번호: 070-8152-0401
휴무: 매주 월요일
홈페이지(블로그): blog.naver.com/mc_onesun

플라워앤(Flour&), 황재령 셰프

밀가루 그리고, 밀가루의 정성스러운 마법!

FLOUR&

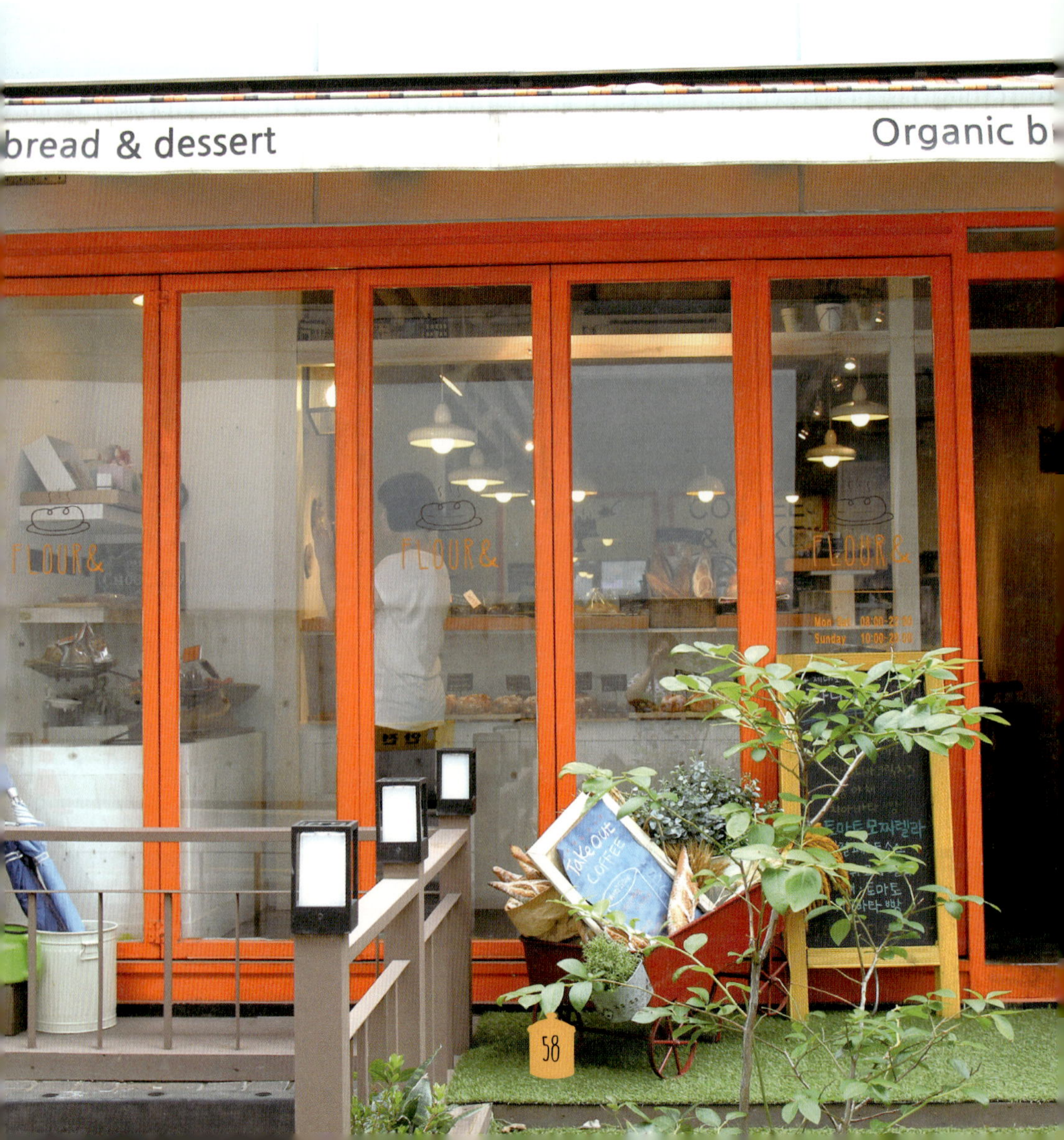

새콤달콤 소녀처럼 수줍은 분홍색의
라즈베리 치즈

라비앙봉봉을 아시나요?

회사에 다닐 무렵 나의 주된 업무 중에 하나는 홈 베이킹을 하는 블로거들과의 소통이었다. 물론 나는 그 일을 좋아했다. 브랜드를 홍보하고 이벤트를 기획하는 것이 재미도 있고 다양한 사람을 만날 수 있기 때문이다. 일이 끝난 후에도 종종 연락하면서 친한 동생, 언니 관계로 발전하는 경우도 있는데 바로 평택에 사는 선주가 그런 경우이다. 예쁜 그릇과 소품에 관심이 많던 선주가 홍대로 나들이를 오던 날, 가장 가고 싶은 곳은 '라비앙봉봉'이라고 주저 없이 말했다. 이름만 듣고 처음에는 초콜릿을 파는 곳이라고 생각했다.

홍대 어느 골목 2층에 자리 잡고 있던 베이킹 스튜디오 '라비앙봉봉'은 소녀 감성을 자극하는 예쁜 소품과 조명으로 채워져 있었다. 몇 달 후 라비앙봉봉은 문을 닫았지만, 2013년 7월에 다시 우리 곁으로 찾아왔다.

"라비앙봉봉, 기억하세요? 합정역 근처에서 플라워앤이라는 이름으로 다시 오픈한대요. 셰프님께서 디저트는 물론 빵도 만드신다니 한 번 들려보세요."

당연히 기억한다. 어떤 빵을 준비했을지, 어떤 분위기일지 궁금한 마음에 바로 매장으로 출발했다. 그날도 어김없이 촉촉하게 비가 내렸다. 내가 좋아하는 빵집이 오픈하는 날에는 항상 비가 온다. 외관은 따뜻한 주황색으로 곳곳에 놓여 있는 화분 덕에 빵집보다는 꽃집처럼 보여도 확실히 빵집이 맞다. 플라워라는 이름 때문에 더욱 빵집처럼 느껴진다. '플라워앤'의 플라워는 꽃이라는 뜻이 아니라 밀가루라는 뜻의 '플라워(flour)'이다. '&'이라는 특수문자의 뜻은 '그리고'이다. '밀가루 그리고', '그리고' 뒤에 어떤 재료와 공정이 들어가 플라워앤의 빵이 완성될지 궁금하다.

제품에 대한 고집

매장 안에 들어서면 밝고 따뜻한 느낌의 조명과 나무 진열대, 베이킹 할 때 사용하는 동 냄비, 아기자기한 소품이 마치 영화 속 예쁜 카페 같은 분위기다.

매장 벽 곳곳에는 개량제나 유화제를 넣지 않는다는 문구, 100% 우유 버터, 동물성

크림, 유기농 밀가루, 유기농 호밀, 유기농 설탕 등의 좋은 재료를 사용한다는 문구가 적혀 있다. 제품에 대한 고집은 좋은 빵 만들기의 선택이 아닌 필수라고 말하는 셰프의 의지를 알 수 있다. 셰프를 향한 믿음에 라즈베리 치즈, 포테이토 브레드, 카카오 브레드, 두유 두부 식빵, 얼그레이 파운드까지 다양하게 담았다.

동그란 감자 모양을 형상화한 포테이토 브레드는 구운 감자와 호두를 반죽에 넣어 담백하고 쫄깃한 빵이다. 감자 특유의 차진 식감과 고소한 호두가 참 맛있다. 두유 두부 식빵은 폭신한 식감으로 두부와 두유를 넣어 더욱 담백하다. 두 가지 빵 모두 스프레드나 잼을 발라 먹는 것보다는 빵 그대로의 맛을 느낄 수 있도록 그냥 뜯어먹으면 더 맛있다.

흰색의 쫄깃한 빵이 인기가 많아지면서 동네 빵집마다 거의 하나씩 매장에 자리 잡고 있다. 플라워앤에는 라즈베리와 크림치즈를 넣은 라즈베리 치즈가 있다. 간

혹 베리 종류가 완전히 녹지 않거나 크림치즈의 비율이 맞지 않으면 너무 새콤하거나 느끼하기도 한데, 이곳의 빵은 전체적으로 크림치즈가 골고루 퍼져 있어 새콤달콤한 맛이 잘 살아 있다. 게다가 반으로 갈랐을 때 보이는 분홍 크림이 소녀 감성을 자극한다.

식빵뿐만 아니라 바게트, 깜빠뉴 등도 있으며, 바게트는 두 가지를 판매한다. 전통 바게트는 버터나 유지를 넣지 않고, 버터바게트에는 100% 우유 버터를 넣는다. 왜냐하면, 구매 고객층이 다르기 때문이다. 바게트의 고소함을 좋아하는 사람도 있지만, 버터를 넣은 풍부한 맛을 원하는 고객도 있어 그들의 의견을 반영하여 두 가지를 준비했으니 골라 먹는 재미가 있다.

라비앙봉봉이라는 이름을 붙여 탄생한 빵도 있다. 쌉싸름하고 부드러운 초코빵 속에 부드럽게 녹는 진짜 버터크림을 넣은 빵이다. 예쁜 모양의 샌드크림은 케이

_라즈베리 치즈

크 장식처럼 보이기도 한다. 달지 않은 빵으로 생크림보다 버터크림을 좋아하는 나에게는 크림빵이 먹고 싶을 때마다 손이 가는 빵이다. 디저트 종류도 추천하는데 그중에서도 얼그레이 파운드는 꼭 한 번 먹어볼 필요가 있다.

예쁜 매장에 앉아 빵을 먹다 보면 주방과 매장을 오가는 셰프를 볼 수 있다. 여러 번 찾아가니 자신의 이야기도 종종 들려주신다. 황재령 셰프는 TV에서 동경제과학교에 다니는 사람에 관한 방송을 보고 무조건 동경제과학교로 가야 한다는 일념으로 도쿄로 떠났다고 한다. 학교에 다니며 남보다 배로 노력하며 살았다고 한다. 아르바이트를 몇 개씩 하며 학업을 이어갔으며 중간에 힘들어 학업을 그만두고 싶어질 때마다 동기들의 도움으로 학업을 끝마칠 수 있었다고 한다. 지금도 그 시절을 함께 했던 동기들이 가장 큰 자산이라고 한다.

밀가루의 마법

그렇다고 항상 좋은 일만 있었던 것은 아니다. 라비앙봉봉을 오픈하고 열심히 하면 어떻게든 될 거라는 생각으로 버텼지만, 매장 유지가 힘들어 두 번이나 문을 닫는 시련이 있었다. 회사로 들어가는 편한 길을 선택하고 싶었다. 하지만 그럴 때마다 마음을 다잡고 앞만 보고 가기로 했다. 인생은 삼세번이라고 했다. 작은 고추가 맵다는 말에 딱 어울리는 오뚝이 같은 황재령 셰프는 자신만의 색을 낼 수 있는 빵을 만들 수 있는 가게를 원했다. 이런 마음으로 문을 연 플라워앤은 합정역에서 단골손님들의 사랑을 받으며 자리 잡아가고 있다.

이름처럼 밀가루 뒤에 어떤 수식어가 와도 그녀의 맛있는 밀가루 마법은 멈추지 않을 것이다. 플라워앤의 가장 큰 마법의 비밀은 끈기, 노력, 그리고 소신이기 때문이다.

플라워앤
주소: 서울 마포구 서교동 395-171
전화번호: 02-556-5565
휴무: 없음(명절 및 임시 휴무는 매장 공지)

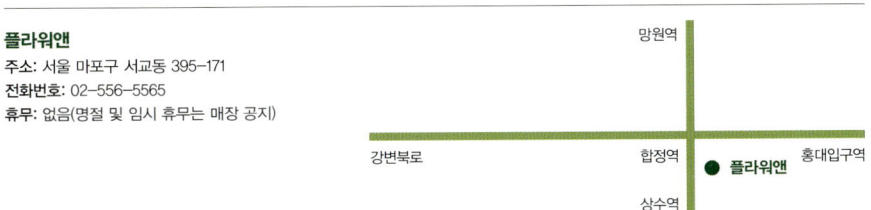

기본을 지켜
더 맛있는 빵

10. 악토버(October), 홍정욱 셰프

11. 우스블랑(ours blanc), 김영수 셰프

12. 리치몬드(RICHEMONT), 권형준 대표

13. 그랭블레(Grain blé), 성범경 셰프

14. 프랑세즈(Francaise), 이고선 셰프

15. 욥(job), 임용순 셰프

16. 베이커스 테이블(The Bakers Table), 미샤엘 리히터 셰프

17. 루스티크(RUSTIQUE), 성시학 셰프

18. 리블랑제 베이커리(Lee Boulanger), 이원상 셰프

악토버(October), 홍정욱 셰프

거칠고 시큼한 독일 빵의 매력

OCTOBER

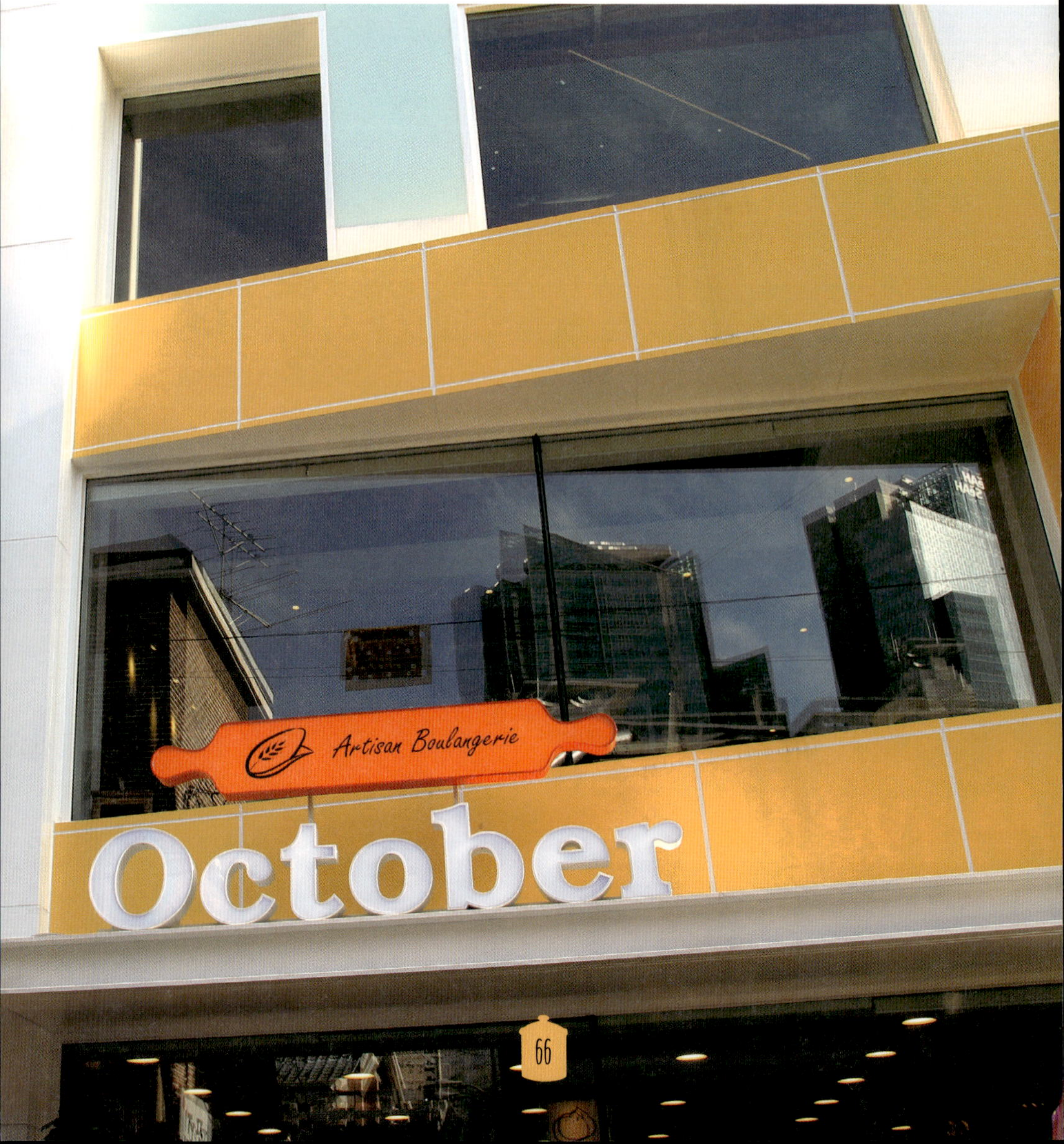

입에 무는 순간 침샘이 폭발하는 시큼한 르빵

내일의 빵을 위한 준비
목침처럼 생긴 네모 모양의 범상치 않은 빵은 묵직하면서 맛은 시큼하지만 씹을수록 고소하다. 지금은 빵집에서 자주 볼 수 있는 펌퍼니클이다.

빵과 여행을 좋아하는 가희 씨를 처음 만난 날 선물로 펌퍼니클을 받았다. 그녀는 홍대 근처에 살아서 여러 가지 빵을 접했고, 구수하면서도 담백하고 시큼한 빵을 좋아한다. 그녀가 야근을 마치고 오후 11시도 지난 시간에 악토버를 찾아가면 주방 불만 켜져 있어 안쪽이 잘 보인다고 한다. 내일 판매할 빵을 준비하기 위해 주방에서 시간을 보내고 있는 홍정욱 셰프를 보면 제빵사로서의 고된 생활이 느껴지고 고요한 공간에 울려 퍼지는 빵 만드는 소리에 기분이 좋아진다고 한다.

천연 발효 빵
홍대가 빵 골목으로 거듭나는데 일조한 곳에는 담백한 유럽 식사 빵을 선보인 폴 앤 폴리나도 있지만, 묵직한 산미의 매력을 가진 천연 발효 빵을 알린 악토버도 있다. 천연 발효종은 요즘 빵을 즐기는 사람과 제빵사 사이에서는 한창 화젯거리다. 천연으로 배양한 종을 사용해 빵을 만드는 것으로 과일이나 호밀, 밀가루 등의 곡식을 사용해서 셰프만의 스타일대로 천연 발효종을 만들 수 있다.

홈 베이킹을 즐기는 선주, 미란이와 악토버를 방문했다. 베이킹과 카페에 관심이 많아 가는 곳마다 눈을 반짝여 함께하는 내내 기분이 좋다. 처음 가는 길이라 엄청 헤맨 끝에 매장 앞에 간신히 도착했다. 간판의 '장인제빵사(Artisan Boulangerie)'라는 문구와 밀 이삭 그림이 반겨준다. 황금 들녘의 밀을 추수하는 10월의 풍요로움에서 따온 이름과 로고 같다. 이곳을 찾는 손님들의 마음마저 풍족하게 만든다.

그렇게 한자리에서 굳건히 자리를 지킬 것 같았던 악토버가 2014년 11월 새로운 보금자리로 이전했다. 기존의 견고했던 이미지와는 달리 흰색과 노란색의 외관은 산뜻하고 따뜻한 느낌이다. 4층짜리 건물에 자리 잡은 악토버는 각층을 빵집, 카페, 주방 등으로 나누었다. 또한, 메뉴도 늘려 독일 빵만 고집하지 않고 사람들이 좋아하는 단과자 종류의 빵과 케이크, 아이스크림 등도 추가했다.

매장에 크게 자리를 차지하고 있는 진열대는 오후 1시가 되면 빵으로 가득 채워진다. 새벽부터 준비하며 오랜 시간을 들여 만든 빵이 그제야 완성되기 때문이다. 악토버는 유기농 밀가루를 사용해서 화학 첨가물을 전혀 넣지 않고 국산 농산물로만 만든다. 또한, 홍정욱 셰프는 빵이라도 음식 재료의 조화로움을 무시할 수 없다고 한다. 시식용 빵을 맛보면 강한 산미의 여운이 느껴진다. 처음에는 너무 시어서 놀라지만 씹을수록 단맛과 구수한 맛이 함께 우러나와 많은 손님이 계속해서 찾는다.

악토버의 매력적인 빵들

악토버만의 매력을 느낄 수 있는 빵을 골랐다. 바게트, 르방, 단호박빵, 라이스 치즈바게트, 토마토 치아바타, 양송이 포카치아, 바게트 샌드위치 등 어느 것 하나 놓치기 싫어 가득 담았다.

어느 것을 먼저 먹어야 할지 고민하면

서 제일 먼저 르방에 손을 내밀었다. '와삭'하는 소리와 함께 한입 물면 강한 산미가 느껴진다. 버터와 치즈, 햄을 곁들여 새콤한 주스와 먹으면 산미가 더 강해져 턱 끝이 찡하도록 시큼하다. 침이 고이면서 빵을 꿀꺽 삼키면 젖산균이 살아 장까지 가는 느낌이 들어 건강해지는 기분이다. 그뿐만 아니라 햇빛에 잘 말린 토마토와 올리브를 넣은 하얀 치아바타는 탄력과 촉촉함이 손으로 전해진다. 살짝 눌렀을 때 바로 복원되는 모양이 마치 라텍스 같다. 사실 토마토를 익혀 먹는 걸 좋아하지 않지만 빵에 들어간 말린 토마토 맛에 놀라고는 한다. 뜻밖에 적당히 달콤하고 토마토의 과즙이 마른 빵에 수분을 더 해주니 토마토소스 같다.

바게트 위에 쌀가루를 뿌린 라이스 치즈바게트에 입천장이 그대로 까졌지만, 누룽지처럼 구수한 맛이 좋고 씹을 때마다 나는 소리를 생각만 해도 스트레스가 풀린다. 색다르게 잣과 크랜베리, 마롱과 살구를 넣은 피농 크랜베리, 밤과 살구를

_르방

_깜빠뉴

넣은 마롱 에프리코트도 있다. 빵 이름은 재료 이름을 따서 붙인 것이므로 이름이 길어도 재료를 떠올리면 쉽게 빵 이름을 기억할 수 있다.

주방에서 가장 긴 모자를 쓰고 열심히 일하는 홍정욱 셰프가 보였다. 무표정한 모습에 긴장했지만 멀리 제주도에서 왔다는 동생의 말에 빵을 하나 더 챙겨 주시면서 이것저것 물어보며 악토버를 찾아 주어 고맙다고 말씀한다. 볼수록 독일 빵 같은 분이다. 투박해 보이는 빵 속에 깊은 맛을 숨긴 것처럼 말이다.

기본을 지키는 빵

"몸에 좋은 빵을 만드는 것이 기본이니까요."

홍정욱 셰프가 당연하다는 듯 말한다. 하지만 이런 당연함이 퇴색된 곳도 사실 적지 않다. 많은 미디어와 TV를 통해 과대 포장되는 경우도 있고 무조건 유기농이라는 이유로 이미지 포장이 되기도 한다. 몇 번을 생각하고 되새겨 봐도 더 이상의 군더더기가 없는 좋은 말이다. 이 문장을 완성하기까지 홍정욱 셰프가 20여 년 빵에 쏟아 부은 시간은 175,200시간이다. 적어도 그 분야에 통달한 사람은 최소한 10,000시간을 투자했다고 하는데 17배나 되는 동안 빵만 생각하기는 쉽지 않았을 것이다. 그래서 한마디를 더 보태셨다.

"빵은 기술이 아닌 정성으로 만드는 거예요."

악토버에 갈 때마다 생각한다. 나는 몇 시간을 투자해서 일했던가, 홍정욱 셰프 앞에 서는 시간에 관해서는 함부로 이야기하지 않아야겠다.

악토버
주소: 서울 마포구 서교동 396-29
전화번호: 02-322-7882
휴무: 없음

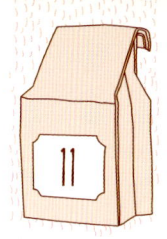

우스블랑(ours blanc), 김영수 셰프
백곰 셰프의 건강한 빵집
OURS BLANC

삼고초려 끝에 만난 빵집

삼국지의 유비는 제갈량을 얻기 위해 삼고초려 했다. 그렇다면 나도 맛있는 빵집을 위해 삼고초려 할 수 있지 않을까?

서 있기만 해도 땀이 흐르는 더운 여름이었다. 새로운 빵집의 오픈 소식을 듣고 소풍 가는 아이처럼 들뜬 일요일 아침이었다. 그 당시에는 경기도 구리 시에 살고 있던 터라 서울 용산구 효창동과는 멀었다. 찾아가는 내내 더웠지만, 도착하자마자 시원한 커피를 마실 생각에 참았다. 골목의 코너를 돌아 도착한 매장에서 날 반겨준 것은 '정기휴일'이라는 문구였다. 큰 실수를 하고 말았다. 가는 날이 장날이라고 쉬는 날을 확인하지 못했다. 그 이후에 아쉬운 마음에 퇴근한 후 달려갔지만 이미 빵이 다 팔려 빈 진열대를 보면서 아쉬움을 달래야만 했다. 그리고 결국 세 번째 방문 만에 우스블랑의 빵을 만났으니 나도 삼국지의 유비 같은 삼고초려를 겪은 셈이다.

우스블랑은 빵집 골목이 형성된 마포구 홍대입구역, 상수역에서 거리가 꽤 떨어진 용산구 효창공원역에 있다. 최근 상수역의 2호점을 효창공원인 본점과 합치면서 전면적으로 공사했다. 우스블랑의 빵을 보면 한 번쯤은 봤을 법한 익숙한 이름과 모양일 것이다. 이 가게의 김영수 셰프가 르알래스카의 총괄 셰프였기 때문이다. 르알래스카에서 먹었던 바게트 식빵이나 츄리넛, 올리브 등을 생각하며 우스블랑을 찾은 것이다.

백곰이 만드는 빵

'우스블랑(ours blanc)'은 프랑스어로 백곰이라는 뜻으로 김영수 셰프의 고등학교 시절 별명이다. 그래서인지 매장 안에 들어서면 하얀 타일이 깔끔하게 정리된 것이 마치 북극의

마카다미아,
캐슈너트가 호밀빵 속에서 춤추는
마카다미아

빙하 같다.

  그런 효창공원점이 완전히 바뀌었다. 본점과 2호점이 합쳐지면서 대대적인 공사를 하여 자유롭고 격식 없는 분위기로 새롭게 매장을 꾸몄다. 매장에 들어서면 왼쪽에는 긴 빵 진열대가 있고 오른쪽에는 요리 주방이 있는 멋스러운 공간으로 대변신했다. 그래도 제일 먼저 눈에 들어오는 것은 우스블랑의 여러 가지 빵이다.

  감자, 츄리넛, 마카다미아, 롱소바, 인간이 되고픈 곰 등 먹고 싶은 것이 너무 많아 몇 번에 걸쳐 맛보기로 하고 몇 가지 빵을 골랐다. 생시금치, 감자, 치즈가 들어 있는 감자빵은 스틱 모양으로 부드러운 식감의 감자와 쫄깃한 빵, 짭조름한 치즈가 잘 어울려 그 자리에서 바로 베어 먹었다. 인간이 되고픈 곰은 '환웅과 웅녀'의 마늘과 쑥을 먹으면 사람이 된다는 신화에서 따온 이름이다. 이야기 속에 나오는 쑥과 셰프의 별명인 백곰의 조합으로 태어난 귀여운 센스가 넘치는 작명이다. 은은한 쑥 향이 좋으며, 호밀과 통밀을 넣어 고소하다.

  하지만 내가 우스블랑에서 가장 좋아하는 빵은 바로 마카다미아이다. 노란빛의 강황이 들어간 구수한 통밀빵으로 나뭇잎 같은 모양으로 속을 자르면 고소한 마카다미아와 캐슈너트가 가득 들어 있다. 버터, 설탕이 들어가지 않은 담백한 빵으로 크러스트도 두껍지 않고 속도 폭신하다. 빵을 먹을 때마다 고소하게 씹히는 마카다미아는 청각을 즐겁게 해 주고, 견과류

특유의 기름기가 맛을 더욱 풍부하게 만든다.

김영수 셰프가 제일 좋아하는 빵은 페이스트리 종류라고 한다. 빵 진열대를 보면 크루아상뿐만 아니라 뺑오쇼콜라, 츄리넛, 사과나 시나몬, 딸기 등 다양한 종류의 페이스트리가 자리 잡고 있다. 계절에 따라 사용하는 재료는 조금씩 바뀐다. 그중에는 아몬드, 호두, 캐슈너트, 마카미아 등을 올린 후 달콤한 캐러멜 시럽으로 마무리한 빵이 있다. 고소한 견과류와 빵 결이 바삭하게 살아 있다. 롱소바는 짭조름한 소시지와 바삭한 바게트가 잘 어울려 맥주 안주로도 좋다. 롱소바를 먹다 보면 어느새 빈 봉지만 남을 정도로 자극적인 소스가 없어 속도 더부룩하지 않다.

강직, 듬직, 정직

김영수 셰프는 26살의 늦은 나이에 빵을 만들기 시작했다. 늦게 시작해서 혹시나 조급하지 않았는지 물으니 전혀 그렇지 않았다고 한다. 오히려 늦게 시작한 만큼 더욱 열정적으로 빵을 만들면서 자신이 만들고 싶은 빵에 대해 확신을 했다고 한다. 김영수 셰프는 요즘 유행하는 건강빵이라는 단어보다는 정직한 빵이라는 단어를 사용한다.

그 이유는 간단하다. 빵을 만들 때 정직하면 건강한 빵을 만들 수밖에 없기 때문이다. 자연에 가까운 원산지가 정확한 재료, 공정 시간을 지키는 기술, 첨가물을 사용하지 않는 소신은 정직에서 나오기 때문이다. 지금은 물론이고 앞으로도 계속 지켜야 할 점이라고 말한다. 그는 이야

__ 왼쪽부터 통밀빵, 마카다미아

기를 나누는 동안에 몇 번이나 정직 자체가 건강이라 강조했지만 지나치다는 생각은 전혀 들지 않았다.

　백곰 같은 듬직함이 느껴지는 강한 소신으로 정직한 마음으로 빵을 만들고 싶다는 김영수 셰프에게는 '직'이라는 돌림자를 붙이고 싶다.
　강직, 듬직, 정직! 3직, 그리고 건강한 빵집.

우스블랑
주소: 서울 용산구 효창동 5-51 하늘채빌딩 1층
전화번호: 02-706-9356
휴무: 일요일
홈페이지(블로그): blog.naver.com/syys09

리치몬드(RICHEMONT), 권형준 대표
과거, 현재, 미래가 함께하는 빵집
RICHEMONT

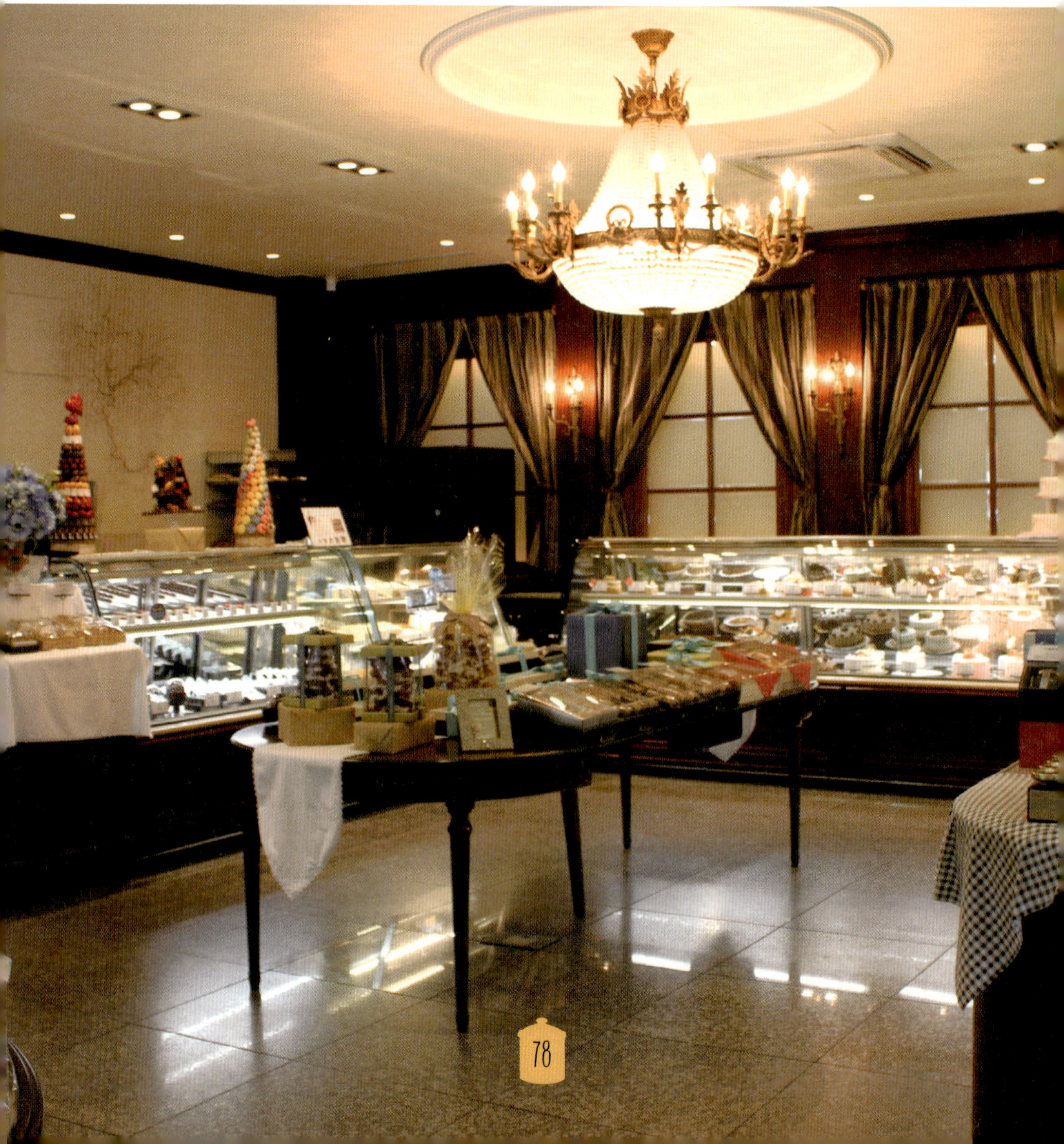

고소한 맛이 매력적인 크라프트 콘브로트
각각의 재료를 살린 리얼 타르트

추억 속의 홍대 앞 리치몬드

2012년 1월 31일, 계속해서 오르는 임대료 때문에 30여 년을 이어온 홍대 리치몬드점이 문을 닫았다. 작고 개성 넘치는 가게들이 홍대 골목을 채우던 예전과 달리 대기업의 프랜차이즈 가게가 영세한 자영업자를 몰아내고 그 자리를 대신하는 현실을 반영하는 일이었다. 문을 닫던 날 옛 추억과 아쉬움을 달래기 위해 평소의 몇 배나 되는 손님이 이곳을 찾았고, 각종 TV와 잡지 등에서 취재를 나왔다. 리치몬드베이커리의 창업자인 권상범 명장은 전통적인 빵집을 이어가겠다며 소신 있게 한마디를 하고 간판을 직접 내렸다.

홍대점 폐점 후, 강남점을 열자는 제의를 받았지만 단호하게 거절했다고 한다. 가는 길이 다르다는 이유에서다. 직접 반죽하고 빵 굽는 냄새로 가득한 매장, 채소만큼 신선한 빵을 판매하고 싶기 때문이다. 본점과도 거리가 먼 강남은 아무래도 제품 관리도 힘들 것이다. 그렇게 홍대점은 문을 닫고 1년 후 연희동의 아담한 2층 건물에 새롭게 오픈했다.

각 지역을 대표하는 빵집은 많다. 그렇다면 서울을 대표하는 빵집은 어디일까? 서울에는 1979년 창업 후 2대째 제빵사의 길을 걸으며 100년이 넘는 빵집을 목표로 하는 리치몬드가 있다. 큰 규모의 많은 빵집이 경영과 빵을 만드는 셰프가 분리되어 있지만, 리치몬드는 2대째 직접 빵을 만들면서 경영도 한다. 권상범 명장의 명예 퇴임 후 현재 그의 아들인 권형준 셰프가 대표가 되어 성산동, 이화여대, 연희동에 직영점 세 곳을 운영하고 있으며, 최근에 서교점을 오픈했다. 리치몬드는 제과점뿐만 아니라 제과제빵학원도 운영하고 있다.

리치몬드의 성산본점은 주택가에 있다. 어느 유럽 골목에나 있을 것 같은 우아하고 고풍스러운 모습에 해외 유명 디저트를 판매할 것 같아 괜히 위축된다. 성산본점에서는 매일 아침 8시부터 9시 30분까지는 갓 구운 유럽 빵, 햄, 치즈, 버터, 콩퓌튜르 등을 음료수와 함께 저렴한 가격으로 뷔페로 제공한다. 그래서인지 아침 일찍 빵을 즐기러 오는 모임이나 가족을 쉽게 볼 수 있다.

되찾은 이름 바움쿠헨

빵 진열대에는 유럽 식사 빵은 물론 친숙한 단팥빵, 소보루빵, 고로케, 그리고 각 나라의 유명한 디저트까지 있다. 그중에서도 독일 구움과자인 바움쿠헨이 눈에 띈다. 바움은 독일어로 나무, 쿠헨은 케이크 과자라는 뜻이다. 행복을 전하는 바움쿠헨은 나무 나이테 모양이다. 반죽이 익으면 봉에 반죽을 바르고, 반죽이 익으면 또 반죽을 발라 수십 겹의 반죽을 익혀 만드는 힘든 빵으로 초보 제빵사들은 만들면서 눈물을 쏙 빼기도 한다. 잘못 만들면 반죽의 무게에 갈라 떨어져 만들기 어렵다.

리치몬드와 바움쿠헨의 인연을 이야기하자면 길다. 바움쿠헨의 상표권을 취득한 업체에서 각 빵집에게 경고장을 보냈다. 바움쿠헨은 특정 상표가 아니고 독일 전통 구움과자 중에 하나인 고유명사인데 한국에서는 마음껏 이름을 사용할 수 없다는 점에 권상범 명장은 불의를 느껴 오랜 공방 끝에 승소했다. 이제는 누구나 바움쿠헨이라는 이름으로 판매할 수 있다.

리치몬드베이커리의 노력이 없었다면 우리는 바움쿠헨을 전혀 다른 이름으로 접했을지도 모른다.

디저트와 빵을 구경하며 많은 시간을 보낸 후, 바움쿠헨, 크라프트 콘브로트, 호밀빵, 단호박 스콘, 토마토 치즈피데, 슈크림 등을 골랐다.

바움쿠헨은 나무를 가로로 자르면 보이는 나이테와 비슷한 모양이다. 카스텔라처럼 부드럽고 파운드 케이크처럼 달콤하면서 쫀득한 식감도 있다. 처음 먹을 때는 재료 그대로의 정직한 맛만 느껴지지만 먹을수록 언제 다 먹었는지 모를 만큼 순식간에 사라지는 중독성이 있다. 노르스름한 단호박 스콘을 '단호박이 큼직하게 들어있겠지'라고 단순한 생각으로 반을 가르면 크림치즈와 고소한 호박씨, 그리고 달콤한 단호박이 함께 느껴진다. 슈크림은 얇은 슈 껍질과 속의 커스터드 크림과 생크림이 잘 어울린다. 리치몬드의 35년 기술이 바로 여기에 담겨 있다. 슈는 겉이 바삭하며 촉촉하고 살짝 보이는 천연 바닐라 빈이 풍미를 더 한다. 한입 베어

_왼쪽부터 크라프트 콘브라트, 호밀 감자빵

물면 진한 크림이 입안에서 사르륵 녹아 한 개로는 부족하다. 그래서인지 매장에서도 두 개를 세트로 판매한다. 그냥 먹어도 좋지만 얼려 먹으면 슈크림의 또 다른 별미도 느낄 수 있다.

크라프트 콘브로트는 딱딱할 것 같지만, 막상 자르면 폭신하다. 잡곡과 귀리가 오도독 씹히면 스트레스가 풀린다. 크라프트 콘브로트에 햄과 치즈 한 장이면 다른 재료 없이도 훌륭한 샌드위치가 완성된다. 커다란 호밀빵은 잘라서 무게로 판매하니 처음부터 호밀빵을 먹기 힘든 사람은 한 조각씩 먹어보는 것도 좋다. 밀도가 높아 떡 같은 식감이지만 금세 시큼한 매력에 빠져들 것이다. 워낙 빵과 디저트의 종류가 많아 갈 때마다 다른 제품을 먹는다고 해도 다 먹으려면 몇 달은 족히 걸릴 것 같다.

나이가 들어도 주방을 지키는 셰프

"대표님! 주방에서 직접 일하세요?"

가게 안에서 빵을 먹고 있으면 권형준 대표가 밀가루를 가득 묻힌 채 매장 안을 돌아다니는 모습을 볼 수 있다. 대표님과 잠시 이야기를 나누게 되었을 때 나의 첫 질문이었다. 대형 빵집에서 경영자가 주방에서 직접 빵을 만드는 경우는 흔치 않기 때문이다.

"네, 일해야죠. 가끔 TV에 소개되는 장인들을 보면 80세가 되어도 아침 일찍 나와 직접 가게 문을 열고 일하는데 저도 그러고 싶어요. 그렇게 해야 하고요."

이야기를 나누는 중에 권상범 명장이 매장을 둘러보고 있었다. 빵 하나하나를 살피고 시식하면서 꼼꼼히 확인하는 모습을 보니 권형준 대표의 말이 이해가 되었다. 그는 이름뿐인 대표가 아닌 빵으로 자신을 나타내는 대표가 되고 싶으므로 리치몬드 주방에서는 제빵사에게 베이킹 시간이나 빵 성형을 자율에 맡긴다고 한다.

리치몬드는 대형 빵집이 아니냐고 많은 사람이 이야기하지만, 반만 맞다. 대형 빵집이지만 인디밴드처럼 개성이 살아 있는 역동적인 빵집을 만들고 싶다고 한다. 1세대의 명장에서 2세대로 이어진 빵집, 몇십 년 후에도 주방에서 밀가루를 만지고 있을 권형준 대표의 모습을 그려본다.

리치몬드성산본점
주소: 서울 마포구 성산동 114-5
전화번호: 02-3142-7494

리치몬드 연희점
주소: 서울 서대문구 연희동 79-10
전화번호: 02-333-0223

리치몬드카페 서교점
주소: 서울 마포구 서교동 459-9
전화번호: 02-3344-4599
휴무: 연중무휴
홈페이지: www.richemont.co.kr

그랭블레(Grain blé), 성범경 셰프

황금 들녘의 노란 외관, 밀알에서 빵으로

GRAIN BLÉ

빵 위에 소복이 쌓인 쌀가루
쌀바게트

재래시장에 자리 잡은 빵집

내가 태어나 자란 동네 서울 은평구 신사동은 버스 한 번으로 신촌, 명동, 종로까지 연결되어 시내로 나가기 편리하다. 지하철 6호선이 생기면서 더욱 대중교통의 축복을 받은 동네가 되었다. 맛있는 동네 빵집이 많은 홍대, 상수도 쉽게 갈 수 있으니 나에게는 그야말로 최고의 동네이다.

홍대에서 지리적으로 가까운 망원역 2번 출구에 위치한 양원시장은 생동감이 넘치는 곳으로 한국에서 몇 손가락 안에 꼽히는 떡 명장이 운영하는 유명한 떡집도 있다. 시장을 찾은 사람들 손에는 재래시장의 상징인 검은 비닐봉지가 몇 개씩 들려 있다. 망원동은 지방에서 올라온 음악인이 제일 먼저 집을 얻어 서울 생활을 시작하는 지역 중에 하나라고 한다. 부푼 꿈을 안고 서울로 상경하여 망원동 반지하에서 습기와 곰팡이와 싸우고, 옥탑방에서 계절의 변화를 누구보다 먼저 느끼면서 겪는 감정선의 변화 덕에 창작 의욕을 불태운다고도 한다. 예술 감성이 살아 있는 동네라 그런지 동네 빵집의 이름도 소설 제목인 '키다리 아저씨', '작은 아씨들'이다. 왠지 '어린 왕자 여행사', '빨간 머리 앤 책방'도 있을 것 같아 눈을 크게 뜨고 찾아본다. 이곳에 또 하나의 빵집이 등장했다.

역 근처에 위치한 곳으로 화사한 노란색 외관이 먼저 눈에 들어온다. 누렇게 익은 벼와 밀 같은 황금색이다. '그랭블레(Grain ble)'는 프랑스어로 밀알이다. 가게 창문에는 '유기농 밀과 천연 발효종을 사용하여 장시간 발효한 건강한 빵을 만든다'고 적혀 있어 궁금증이 생긴다. 발효종은 만드는 사람에 따라 개성과 풍미가 다르니 망설임 없이 바로 들어갔다.

손님과 소통하는 가게

오후 12시, 오븐에서 나온 빵이 식힘대와 철판 위에 가득했다. 빵이 막 나오는 시간이라 주방은 정신이 없었다. 구수한 빵 향기에 쌓였던 피로가 한 번에 풀린다. 역시 빵 냄새만큼 좋은 것이 없다. 반죽 성형부터 발효까지 정확한 공정을 지키는 주방의 모습도

속임수가 없다. 유기농 밀가루 포대도 한쪽에 보인다. 빵을 기다리는 손님을 신경 쓰는 셰프를 보니 괜히 일찍 온 것이 미안했다. 몇 분이 지났을까, 할아버지 한 분이 매장으로 들어오신다.

"단팥빵은 아직 인가? 난 단팥빵이 제일 입에 맞아, 달곰하니."

"네, 10분 정도 기다리셔야 합니다."

"기다리지 뭐."

평소 같으면 왜 이렇게 늦게 나오는지, 장사하는 집이 늦게 준비하면 되느냐, 하면서 불평을 쏟아 낼 것 같은 연세의 할아버지도 천천히 다른 빵들에 눈을 돌리신다. 평소 드시는 단팥빵과 전혀 다른 모양에 고개를 갸우뚱하시면서 시식 빵을 몇 개 드시고는 다시 질문을 던진다.

"이건 뭔데 맛이 이런가?"

"그건 치아바타라고 하는 이탈리아에서 온 빵이에요. 괜찮으세요? 평소 드시는 거랑 다르시죠?"

아무런 대답도 하지 않고 그냥 고개만 끄떡이는 할아버지 모습에 셰프도 긴장한 것 같다. 그리고 몇 번 더 빵을 드시고는 10분 뒤 기다렸던 단팥빵 두 개와 치아바

타, 호두치즈브레드를 들고 유유히 떠나셨다. 다음에는 "단팥빵이랑 치아바타가 최고야!"라고 말씀하시는 모습이 상상이 된다.

생긴 지 얼마 되지 않았음에도 계속 동네 주민들이 이곳을 찾는 이유는 맛도 좋지만 아마도 주인이 손님과 소통하기 때문일 것이다. 손님의 빵 취향을 기억하고 그들의 눈높이에서 빵과 이름을 하나씩 설명하면 처음에는 퉁명스럽게 듣던 손님도 괜히 멋쩍어하면서도 조금씩 마음을

연다. 오랜 기다린 끝에 빵을 사서 근처 카페로 향했다. 은은히 올라오는 빵 냄새는 아침, 점심을 먹지 않았다는 걸 상기시킨다.

쌀바게트는 씹을수록 쌀의 풍미가 느껴지는 껍질에 쌀가루를 입혀 만든 더치 빵으로 윗부분의 껍질을 바삭하게 구워 누룽지 같다. 프랑스 전통 바게트처럼 긴 방망이 모양도 아니고 쿠프(빵에 낸 칼집 모양)도 없고 넓적한 모양이다. 나는 간이 맞는 빵을 좋아한다. 짜고 단 것을 떠나서 빵을 먹었을 때 어색하지 않은 적당한 맛이 나

는 빵을 좋아하는데 그에 딱 맞는 맛이다. 호두치즈브레드는 폭신한 빵과 롤 치즈, 그리고 고소한 호두가 잘 어울린다. 자두가 들어 있어 달콤한 프룬스콘은 살짝 씹히는 새콤함도 매력적이다. 으깬 감자와 크림치즈가 부드럽게 어울리는 크림치즈 감자번도 인기가 많다.

작은 배려 속 기쁨

"먹고 남으면 꼭 비닐 팩에 보관해 주세요. 그러지 않으면 맛이 변해 맛이 떨어져요."

빵을 하나씩 꺼내 커피와 함께 먹으며 안에 들어 있는 비닐 팩을 보았다. 아까 이야기한 남은 빵을 넣어 보관하라고 넣어준 비닐 팩에서 세심한 배려가 느껴진다. 맛은 물론이고 서비스와 청결, 빵을 만드는 셰프의 마인드까지 모두 만족스러운 빵집은 갈 때마다 기분이 좋다. 맛은 있지만 불친절하거나 청결하지 않으면 가기가 꺼려진다. 작은 배려에 괜히 더 기분이 좋아지는 빵집이다. 그랭블레는 맛있는 빵과 친절한 성범경 셰프가 있는 맛있는 빵집이다.

그랭블레
주소: 서울 마포구 서교동 474-1
전화번호: 070-8777-1509
휴무: 일요일

프랑세즈(Francaise), 이교선 셰프
고로스키가 만든 호밀빵,
외국인도 사랑하는 건강 빵집
FRANCAISE

레몬처럼 새콤한
고르스키가 만든 호밀빵

  나는 연말이면 1년 동안 어떤 빵집을 다녀왔는지 되새기면서 셰프의 사진을 정리해서 블로그에 올린다. 주방에서 일하는 모습, 빵을 써는 모습, 매장에서 손님을 응대하는 모습 등 다양한 모습의 사진이다. 사진 속에서 웃는 얼굴이 제주도에 있는 '어머니빵집'의 이병선 셰프와 닮은 사람이 있었는데 바로 프랑세즈의 이교선 셰프였다. 이교선, 이병선이라는 이름을 보면 성도 같고 돌림자도 같아 형제라는 생각을 어렵지 않게 할 수 있다. 두 분은 전라남도 해남에서 함께 빵을 만들었던 친형제로 이교선 셰프가 형이라고 한다.

빵집 사이의 빵연(빵緣)
  사람들 사이에는 인연이 있듯이 빵집에도 빵연(빵緣)이 있을까? 8년 동안 한 번도 쉬지 않고 회사에 다닌 터라 2012년 회사를 그만둘 무렵에는 닳고 닳은 느낌이었다. 그래서 무작정 여행을 떠나기 시작했다. 여행을 통해 좋은 친구도 만들고 좋은 인연도 만났다. 여행지 중에는 제주도도 있었다. 제주도에서 빵이 먹고 싶을 때마다 간 곳은 '어머니빵집'으로 1985년부터 제주도에서 자리 잡은 터줏대감 빵집이다. 그때는 이병선 셰프를 보지 못했고, 서울에 올라온 후 블로그를 통해 알게 되었다. 실제 얼굴을 뵙지 못했지만 '1회 빵생빵사 자선행사' 때 멀리 제주도에서 빵과 기부금을 보내 주셨다. 어머니빵집은 오랫동안 시청 앞에 있었지만 2014년 10월 31일 시청 앞 자리에서의 영업을 종료하고 이전 오픈 준비를 하고 있다. 새로운 어머니빵집의 모습이 기대된다.

빵을 좋아하는 사람이라면 누구나 지하철 2호선을 사랑할 것이다. 왜냐하면, 홍대입구역, 합정역에 몰려 있는 빵집들 때문이다. 그런데 요즘 당산, 흑석, 반포, 고속버스터미널로 이어지는 9호선에도 맛있는 빵집이 많이 생기면서 9호선의 반란이 시작되었다. 9호선의 반란 속에서도 흑석역이 눈에 띈다. 흑석역 주변의 중앙대학교 학생이나 동네 주민뿐만 아니라 빵을 좋아하는 마니아들에게 꼭 들려야 할 동네로 뽑히고 있다.

"흑석역 근처에 빵집 생겼대. 아직 오픈하지 얼마 안 됐는데 한 번 가봐!"

빵 투어를 다니면서 많은 도움을 준 제빵사 친구는 새로 생긴 빵집 소식을 많이 알려 주고는 한다. 오픈한지 일주일도 채 되지 않았을 때 나는 흑석역 3번 출구 빵집을 찾아갔다.

매장문을 열고 들어서면 입구에서 바로 오븐과 빵 작업대, 진열대가 보인다.

긴 복도 같은 매장, 아래로 내려가는 계단, 벽 너머 넓은 테이블은 빵을 먹는 단체 손님의 전용석 같다. 과하지 않은 깔끔한 회색빛 매장에 빵과 케이크가 색채를 더한다. 다른 소품이 없어도 빵 그 자체만으로도 장식이 된다.

고르스키가 좋아하는 호밀빵

프랑세즈에는 빵은 천연 발효종을 사용한 담백한 빵이 많다. 그중에서도 내 입맛을 제일 먼저 사로잡은 것은 '고르스키가 좋아하는 호밀빵'이다. 적당히 시큼하고 크러스트는 바삭해서 새큼한 레몬을 먹을

때처럼 침이 살짝 고인다. 생각해보면 이름이 참 길다. 그냥 40% 호밀빵, 호밀빵으로 간단하게 지어도 되는데 마치 '헨델의 메시아'처럼 만든 사람과 곡명을 같이 써넣은 것 같다. 궁금할 때는 바로 물어보는 것이 제일이다. 흑석역 근처에 살고 있는 고르스키 씨는 미국 국적의 네덜란드에서 온 현재 한국에서 사는 외국인이다. 매일 빵을 먹기 때문에 프랑세즈가 생기자 셰프에게 고향에서 먹던 빵을 만들어 달라고 부탁했다고 한다. 그가 준 레시피를 이용해서 만든 빵에 셰프가 직접 이름을 붙였다.

사실 이 지역의 인기 빵집들은 단과자, 조리 빵을 주로 내세워 판매하고 있어 지역 특성상 담백한 빵은 왠지 좋은 반응을 얻지 못할 것 같았다. 그러나 항상 반전은 있기 마련이다. 반전의 원인은 바로 맛이었다. 그렇다고 담백한 빵만 있는 것은 아니고 단팥빵, 소시지빵, 초코크림빵 등도 있다. 해남 고향 집에서 보내온 고구마를 큼직하게 썰어 넣어 달콤하고 부드러운 브리오슈는 무게도 맛도 묵직하다. 직접 끓이는 팥이 들어간 빵과 빙수는 전문점 못지않은 맛이다.

팥빙수의 팥알은 하나하나 살아 있고 윤기가 흐른다. 그리 달지도 않고 씹으면 톡톡 터지는 식감이 느껴진다. 인공적인 맛이 느껴지지 않는 팥다운 맛 때문에 넘치도록 담아 주는 팥을 남기지 않고 다 먹게 된다. 프랑세즈에 가면 팥빙수도 꼭 먹어야 할 메뉴 중에 하나이다.

살구의 향기에는 새콤한 건살구와 견과류의 왕인 고소하면서도 기름진 맛이 탁

월한 마카다미아가 들어가 아주 맛있다. 나는 이 빵이 나오자마자 그냥 손으로 뜯어먹었다. 은은한 살구 맛이 참 좋아 멈출 수가 없다. 그 이외에도 치즈블루베리, 베리베리스틱도 견과류와 건과일이 잘 어울리는 빵이다.

어느 날은 이교선 셰프가 돼지고기가 듬뿍 들어간 김치찌개를 사 주었다. 따뜻한 밥 한 공기에 김치찌개를 듬뿍 올려 먹으며 이런저런 이야기를 나누었다. 셰프가 찌개를 먹는 모습을 보니 어찌나 잘 어울리는지 먹는 내내 마음속까지 배불렀다. 프랑세즈 벽에는 이런 문구가 적혀 있다.

따뜻한 마음으로 만드는 빵

"저희 프랑세즈는 냉동 빵이 아니라서 더욱 맛있는 정직한 빵집입니다. 따뜻한 인성과 고집스러운 정성을 담아 막 구워낸 맛있는 제품만을 판매하는 곳입니다.
– 셰프의 로망이 담긴 빵집 '프랑세즈'."

'따뜻한 인성', 이교선 셰프는 맛있는 빵을 만드는 기술도 중요하지만, 빵을 만드는 제빵사의 마음도 중요하다고 말한다. 기계로 찍어내듯이 빵을 만드는 것이 아니라 올바르고 따뜻한 마음으로 정직한 음식을 만드는 것이 중요한 것이다. 마음은 얼굴로 드러나는 법, 그래서 이교선 셰프의 웃는 얼굴이 편안하고 따뜻하다.

프랑세즈
주소: 서울 동작구 흑석동 156-877
전화번호: 02-825-5265
휴무: 일요일
홈페이지(블로그): blog.naver.com/kyoseon70

욥(job), 임용순 셰프
빵도 색 맞춤,
그리고 우유크림빵

JOB

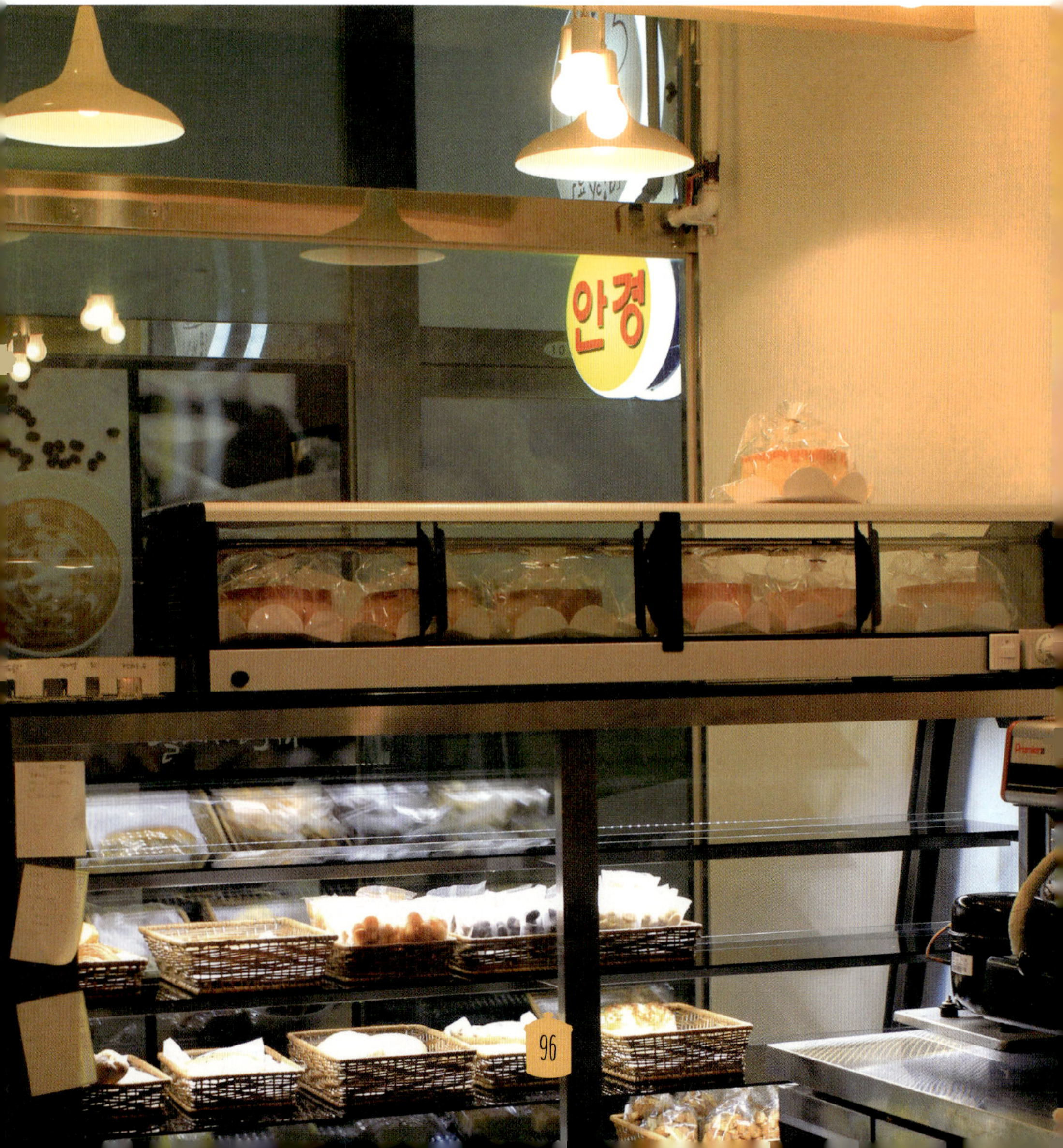

쫄깃한 반죽과 예쁜 색 맞춤이 돋보이는
우유크림빵

평범하지만 맛있는 빵집

늦은 저녁, 소주 한잔과 지글지글 익어가는 먹장어를 먹으며 임용순 셰프와 이야기를 나누었다. 임용순 셰프의 입에서는 어떻게 제빵을 시작했는지, 어떻게 욥을 이끌어 가고 싶은지, 케이크를 만드는 부인을 만나게 된 이야기까지 끊임없이 술술 흘러나왔다. 한잔하면서 서로 마음을 터놓은 덕에 임용순 셰프와 서로 동생 누나로 부르기로 하면서 조금은 친해졌다.

당산역 바로 전 정거장인 합정, 홍대입구, 상수 등은 유명한 빵집이 많기로 유명하다. 당산역은 유동 인구도 꽤 있고 아파트 단지, 주택가도 있는데 동네 빵집은 없었다. 그곳에서 욥이 시작되었다. 욥은 구약 성경인《욥기》에 나오는 주인공이다. 욥은 수많은 역경을 견디고 하나님께 큰 축복을 받은 인물로 기독교인인 임용순 셰프는 매장을 준비하면서 고민 끝에 가게 이름으로 욥을 붙였다고 한다. '시작은 미약하나 그 끝은 창대하리라'라는 욥기의 구절을 생각하면서 붙인 것은 아니라고 한다. 창대해지기까지 많은 역경을 이겨야 하니 그냥 평범하고 맛있는 빵집을 만들고 싶다고 한다.

주상복합 건물 1층에 위치한 욥은 바깥에 표지판이 없어 한 번에 찾기 힘든 곳이다. 건물 안 복도에 보이는 작은 간판인 '욥'을 찾아 들어가면 통유리 너머로 빵 진열대와 매장 내부를 그대로 볼 수 있다. 아마 빵이 없었다면 여기가 빵집인가 하는 생각이 들 정도다. 빵 진열대는 텅텅 비어 있었고, 문을 닫기 직전이었다. 빈손으로 발을 돌리기가 싫어 문을 살짝 열고 들어가니 무뚝뚝해 인상이지만 어쩐지 푸근해 보이는 빵집 아저씨가 보였다. 빵이 없어 미안해하면서도 아직은 손님 응대에 익숙하지 않은지 어색해 했다. 하지만 지금은 손님에게 농담하며 안부를 물을 정도로 친근한 매력을 발휘하는 임용순 셰프다. 다음을 기약하면서 남아 있는 호두볼과 치즈만주를 사 왔다.

쿠키를 그리 좋아하지 않아 만주에 크게 기대하지 않았으나 만주를 먹고 난 후 바로 매장을 찾을 정도였으니 더 이상의 설명이 필요 없을 것이다. 얇은 만주 피와 부드러운 백 앙금, 그리고 진한 치즈가 묘하게 잘 어울려 한입 베어 물면 앙금의 달콤함과 치즈 맛이 함께 어우러진다. 티타임의 디저트로도 그만이다. 호두볼은 옛날에 먹던 땅콩 쿠키가 생각나는 맛이다.

싸고 맛있는 빵을 위한 노력

다음에는 오후 12시쯤 빵이 제일 많이 나오는 시간에 맞춰 찾아갔다. 진열대에 가득한 빵을 하나씩 다 먹어보고 싶었다. 읍에는 맛있는 빵을 사려고 일부러 찾아오는 손님도 있지만 아무래도 동네 주민이 더 많이 찾아온다. 근처에 초등학교가 있어 아이 간식을 사기 위해 오는 엄마들이 많다. 매장 한쪽에 앉아 있으면서 이런 질문을 가장 많이 들었다.

"유기농 밀가루 쓰세요?"

"아니요, 저희는 일반 밀가루 사용합니다."

확실하게 큰 소리로 일반 밀가루를 사용한다고 말하는 셰프다. 빵의 가격을 살펴보면 비싼 빵보다는 확실히 저렴한 빵이 더 많다. 말뿐인 유기농 재료를 사용해 비싼 빵을 만드는 것 보다는 당일 생산, 당일 판매, 정확한 공정으로 싸고 맛있는

빵을 파는 것에 더 신경 쓰고 있다고 한다. 손님들도 셰프의 이런 생각에 고개를 끄덕인다.

매장 한쪽에 앉아 커피를 마시면서 셰프의 일하는 모습을 조용히 지켜보았다. 케이크를 판매하는데 이상하게 쇼 케이스가 없다. 이유는 간단하다. 케이크는 미리 만들어 놓지 않고 예약시간 30분 전에 생크림을 올려 케이크를 만들기 때문이다. 일반 케이크 시트가 아닌 매장에서 판매하는 무화과 시폰, 레몬 시폰과 동물성 100% 생크림을 사용하여 손님이 도착하기 직전에 완성한다. 평범하게 짜 올린 생크림이 장식이 전부이지만 왠지 임용순 셰프를 닮아 끌린다.

쫄깃한 우유크림빵

욥의 매력 중에 하나는 크림을 사용한 빵들이다. 우유크림, 녹차크림, 초콜릿크림 등 여러 종류의 크림을 사용한 빵들이 있다. 우유크림빵 개발은 '색 맞춤'에서 시작됐다. 시중에는 우유만 섞으면 바로 쓸 수 있는 인공 믹스 제품이 많이 있지만 직

접 끓인 크림이 더 맛있는 것은 당연하다. 하지만 선도가 떨어지면 위험하고 판매량이 많아야 끓일 수 있으니 고민 끝에 반죽 색에 따라 초콜릿크림, 커스터드크림, 우유크림의 세 가지 빵을 만들었다. 깨끗하고 깔끔한 맛의 우유크림은 생소했지만, 사람들의 입맛을 사로잡았다. 그러나 인기 요인은 쫄깃한 반죽, 화이트롤의 세미 반죽에 있었다. 반으로 갈라 속을 보면 하얀 우유크림 속에 검은 바닐라 빈이 들어 있어 풍미를 높여 주고 몽글몽글한 우유크림은 쫄깃한 빵의 맛을 살려준다. 녹차크림을 넣은 페이스트리나 슈도 인기가 많다.

빵을 잘 살펴보면 요즘 유행하는 천연 발효종을 넣어 만든 빵은 거의 없어 이유가 궁금했다. 나의 질문에 셰프는 아주 명쾌하게 대답한다.

"간단해요. 요즘 발효종을 사용한 빵이 유행하잖아요, 욥은 발효종 빵을 판매하는 곳이 아니예요. 저는 제가 만들고 싶은 빵, 잘 만드는 빵을 맛있게 만들어서 팔고 싶어요."

충분히 만들 수 있지만 만들지 않는다. 지금까지 추구하고 꿈꾸어 온 빵을 만들고 싶다고 한다. 일본 동경제과학교에 다니면서 고민했던 빵, 일본 장인들의 빵집을 가서 직접 보고 느꼈던 빵을 한 가지만이라도 제대로 만들고 싶다고 한다. 그에게는 지금 유행하는 빵이 아닌 의지와 신념을 담은 빵이 있다. 한 가지 소원이 더 있다면, 조금 더 나이가 들면 외곽으로 이사가 집을 짓고 빵 공방을 운영하는 것이라고 한다.

욥
주소: 서울 영등포구 당산동5가 11-34
      삼성타운 1층 126호
전화번호: 02-2675-1232
휴무: 일요일, 공휴일

베이커스 테이블(The Bakers Table), 미샤엘 리히터 셰프

할아버지, 아버지를 잇는
3대째 독일 제빵사
THE BAKERS TABLE

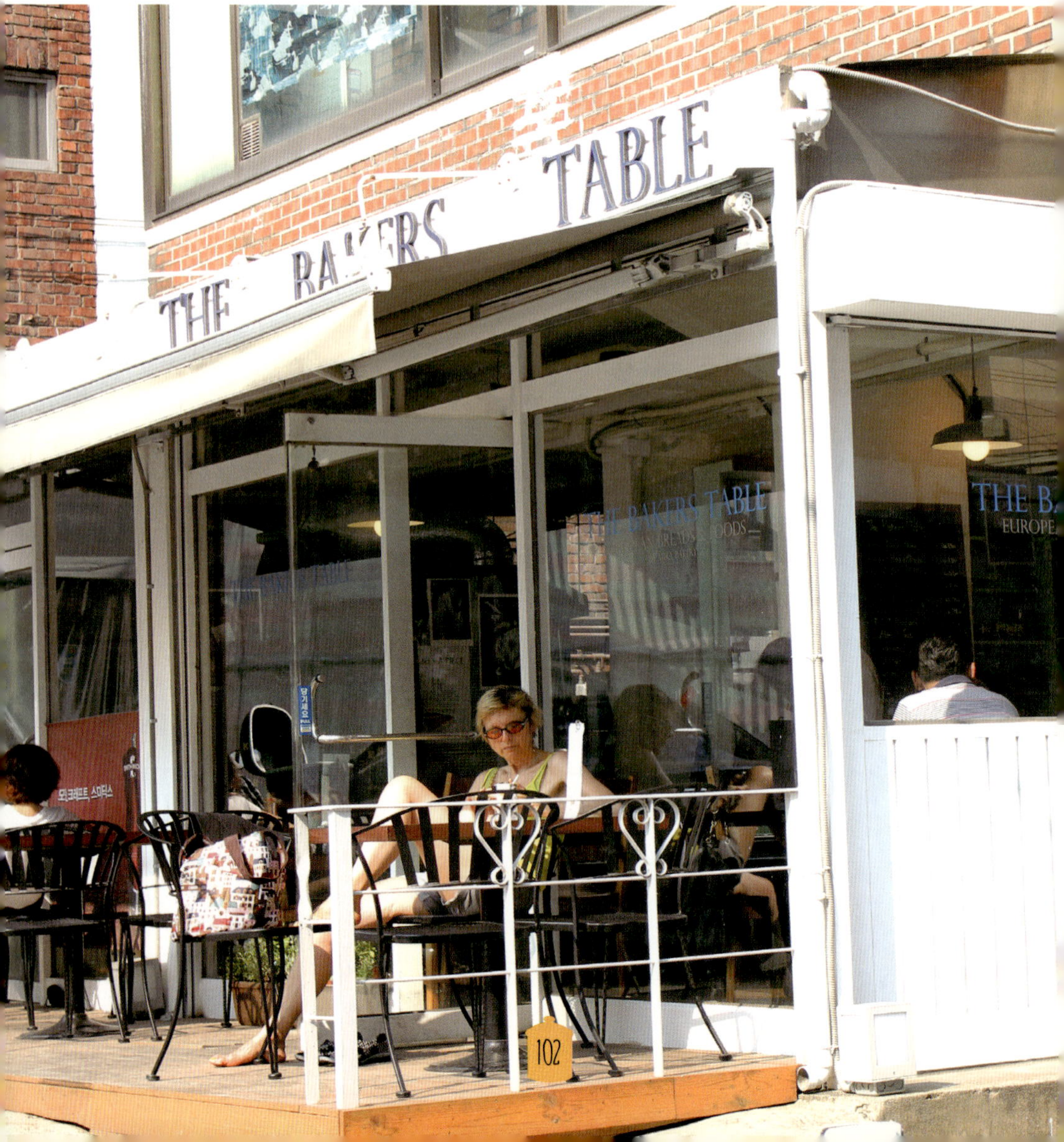

해바라기 씨, 오트밀, 호밀, 멀티 그레인,
잡곡 등이 들어간
투박하지만 정가는 독일 빵

독일인 셰프

책 출간 기념 모임에 초청받아 찾아간 행사장에서 책에 소개된 빵집의 셰프들이 직접 빵을 권하면서 다양한 사람들과 만나는 시간을 보냈다. 그 속에서도 단연 큰 덩치에 꼬불거리는 머리카락, 화가 난 듯 굳은 얼굴의 유럽인 같은 사람이 눈에 들어왔다. 그는 바로 독일 전문 빵집인 베이커스 테이블의 미샤엘 리히터 셰프였다.

프랑스, 이탈리아, 독일 등 유럽 여러 나라에는 각 나라를 대표하는 빵이 있다. 그중에서도 나는 독일 빵을 좋아한다. 독일에는 부드러운 빵부터 강한 산미에 침이 고이는 호밀빵 등 1,200여 가지의 다양한 빵이 있어 '빵의 나라'로 불린다. 그런 나라에서 온 셰프는 어떤 사람일까 하는 호기심이 발동했다.

조금 한산해지기를 기다리다 보니 어느새 셰프와 매니저, 그리고 나만 남았다. 진열대 위의 시식용 빵을 먹고 있는 나에게 웃으면서 인사를 건네는 셰프에게 짧은 영어 실력이지만 반갑게 대답했다. 더 많은 이야기를 하고 싶어 통역이 가능한 매니저의 도움을 받았다. 매니저와는 종종 블로그를 통해 인사했던 터라 괜히 더 반가웠다. 그녀는 나의 블로그와 빵 투어를 셰프에게 요목조목 설명해 주었다. 중간중간 '진짜?'라는 셰프의 감탄사가 들릴 정도로 흥미 있게 이야기를 들어 주었다. 그가 하는 말을 다 알아들을 수는 없었지만 중간중간 들리는 "재미있는 일이다. 힘내라"라는 말에 용기를 내서 감사 인사를 전했다.

집 근처에서 지하철 6호선을 타고 30분이면 녹사평에 도착한다. 서울 남산 자락에 있는 해방촌의 경리단길은 국군재정 관리단의 옛 이름이 '육군중앙경리단'이라서 경리단길이라고 불린다. 2번 출구로 나와 지하 도로를 건너 남산 터널 쪽으로 걷다 보면 외국인으로 붐비는 빵집을 볼 수 있다. 이제는 외국 빵과 문화를 즐기기 위해 굳이 비행기를 탈 필요가 없다.

화려한 인테리어로 치장하지 않은 대충 만들어 붙인 간판과 햇살 가득한 테라스에서 브런치와 빵을 즐기는 손님들의 모습을 보면 마치 외국 여행지에 온 기분이 든다. 오전

8시면 문을 열고 빵과 디저트는 물론 데일리 수프, 파니니, 샌드위치, 와인, 커피 등도 판매하므로 아침을 먹지 못한 회사원이나 동네 주민, 빵을 주식으로 하는 사람에게는 아침 식사하기에 제격인 빵집이다.

매장에 들어서면 오래되어 보이는 흑백 사진 속의 제빵사가 눈길을 끈다. 바로 리히터 셰프의 외할아버지 사진으로 그는 할아버지와 아버지에 이어 3대째 빵을 만들고 있다고 한다. 하얀 밀가루로 빵을 만드는 아버지의 모습이 기억난다고 하니 셰프에게는 빵이 운명이다.

겉치레가 없는 정직한 빵

본격적으로 독일인 셰프가 만든 빵을 구경했다. 해바라기 씨, 오트밀, 호밀, 멀티 그레인, 잡곡 등이 들어간 빵이 대부분으로 흰 빵은 없다. 투박하게 반죽을 뚝뚝 떼어 대충 만든 것 같은 빵들로 겉치레나 꾸밈이 없다. 원래는 둥근 잉글리쉬 머핀까지도 울퉁불퉁해서 야생적이다. 딱딱

하고 무미건조할 것 같은 빵의 맛을 보니 뜻밖에 촉촉하며 담백하고 고소하다. 잼도 좋지만, 꿀과 더욱 잘 어울린다. 독일 빵은 '시큼하고 단단한 빵만 있다'라는 말에 셰프는 전혀 그렇지 않다고 한다. 우유나 버터를 사용한 부드러운 브뢰첸 종류도 있다고 한다.

나는 하드롤, 프레첼, 캐러웨이 호밀빵, 에그타르트를 골랐다. 팔짱을 끼고 있는 기도 손 모양의 독일 전통 빵인 프레첼 위에는 굵은 소금이 뿌려져 있어 맥주와도 잘 어울린다. 달걀 맛이 나는 카스텔라 같은 에그타르트는 귀여운 꽃 모양 파이처럼 생겼다. 바삭한 하드롤은 수프에 푹 담가 찍어 먹으면 더 맛있을 것 같다. 은은한 캐러웨이 향이 나는 호밀빵은 먹기 시작하면 손을 멈출 수 없는 중독성이 있다. 대부분 빵이 기름지지 않고 소박하고 단순한 맛이다. 그냥 먹어도 좋고 요리와 함께 먹어도 좋다. 그래서인지 브런치를 먹는 손님도 많다. 빵을 먹으며 오가는 손님

을 구경하면서 매장 분위기를 둘러보았다. 활기가 넘치는 직원과 손님을 보니 덩달아 흥이 난다. 열심히 구경하고 있으려니 한쪽 벽에 걸려 있는 문구가 눈에 들어온다.

"BREAD IS LOVE."

빵 사진 위에 적혀 있는 'BREAD IS LOVE(빵은 사랑이다)'라는 문구가 보인다. 우리나라에서는 밥이 주식이니 '밥은 사랑이다'라는 말과 같을 것이다. 밥과 빵, 생각해보면 "밥 먹었니?"라는 말을 가장 많이 하는 사람은 바로 어머니, 엄마다. 엄마는 항상 가족을 위해 사랑과 정성으로 음식을 준비한다. 외국 사람에게는 빵이 밥이기 때문에 엄마 같은 마음으로 셰프도 빵을 준비할 것이다. 빵을 만들 때는 과정과 레시피도 중요하지만, 사랑이 없으면 안 된다. 그래서 빵은 사랑이다. 한 조각의 빵을 먹을 때마다 생각한다. 나에게 빵은 무엇일까?

The Bakers Table
주소: 서울 용산구 이태원동 691 1층
전화번호: 070-7717-3501
휴무: 월요일
홈페이지(블로그): blog.naver.com/mirabakery

루스티크(RUSTIQUE), 성시학 셰프

거칠고 투박하지만 씹을수록 매력 있는 빵

RUSTIQUE

천연 발효종을 사용한 다양한 빵
대표 주자는 루스티크와 호밀삼종

루스티크 같은 빵집

최근에는 오너 셰프가 직접 페이스북, 트위터, 블로그 등의 SNS를 운영하면서 소비자와 적극적으로 의사소통하는 빵집이 늘고 있다. 블로그를 운영하면서 종종 다녀간 이웃 목록을 보면 셰프, 선생님, 홈 베이킹을 하는 사람들의 이름이 보이는데 그때마다 궁금해서 나도 그들의 SNS를 방문한다. 그렇게 새로운 빵집을 알기도 하고 새로운 인연을 만나기도 한다.

한 블로그에 올라와 있는 크루아상, 페이스트리, 천연 발효종 빵의 단면도와 빵 테스트, 빵 연구 이야기 등을 보니 궁금해졌다. 며칠 뒤에 올라온 매장 공사 사진을 보며 그저 오픈하기만을 기다리다 매장에서 빵 테스트도 하고 시식회도 하고 있다는 소식을 듣고 오픈 전인데도 무작정 가보았다.

2호선 방배역에서 내려 조금 걷자 한적한 주택가에 자리 잡은 루스티크가 보였다. 빨간 간판과 빵의 결을 살려 그린 로고가 눈에 들어온다. 루스티크는 빵의 이름으로 모양은 거칠고 투박하지만 씹을수록 고소한 빵이다. 루스티크 같은 빵집을 만들겠다는 셰프의 의지를 엿볼 수 있다.

시간과 제빵사의 손으로 만드는 빵

루스티크의 빵은 천연 발효종을 사용해서 이스트를 거의 넣지 않고 만든다. 시간이 걸려도 첨가제나 유화제 등을 넣어 억지로 빵을 만들지 않고 시간과 제빵사의 손으로 빵을 만든다고 한다. 그래서 공장 빵과는 달리 조금은 투박하게 보일 수도 있다. 호밀

__레이즌 깜빠뉴

과 통밀로 만든 구수한 호밀빵, 무화과, 크랜베리, 호두 등을 넣은 다양한 천연 발효빵, 깜빠뉴, 바게트 종류는 담백하고 자극적이지 않아 인기가 많다. 쫄깃하고 폭신한 치아바타는 올리브나 감자를 넣어 짭짤하고 차진 식감에 그냥 먹어도 좋지만 발사믹 식초, 올리브 오일과 함께 먹으면 더욱 맛있다. 딱딱한 껍질이 부담스럽다면 갓 구운 치아바타를 비닐 포장해서 한 시간 정도 두면 촉촉해져 부드러운 빵 맛을 즐길 수 있다. 치아바타나 바게트를 사용한 샌드위치는 소스를 많이 바르지 않아 신선한 재료의 식감이 그대로 느껴지니 마치 샐러드와 빵을 함께 먹는 기분이 든다.

루스티크에는 천연 발효종 빵은 물론 식빵, 소보루빵, 크림빵, 피자빵 등의 다양한 빵이 준비되어 있다. 결이 살아 있는 크루아상도 인기 제품이다. 동네 주민이 단팥빵을 사러 왔다가 바게트도 하나 집어가고 바게트를 사러 왔다가 소보루빵을 집어가는 것을 셰프는 흐뭇하게 바라보지 않을까? 꼭 한 가지 빵만 고집할 필요는 없다. 그래서인지 쇼 케이스 안에는 치즈 케이크와 고구마 케이크도 있다. 고구마 케이크는 인공적인 색이나 맛이 느껴지지 않으며 고구마의 맛이 살아 있다.

진열대 위에 빵을 하나씩 구경하면서 은은하게 풍겨오는 빵 냄새를 맡으며 점심으로 고른 빵은 이 가게의 대표적인 빵

인 호밀삼종, 루스티크다. 호밀 100%의 빵을 먹기 힘들다면 30~50% 정도 호밀이 섞인 빵을 먹으면 좋다. 프랑스 정통 버터를 사용한 고소한 크루아상이나 오렌지 당절임, 초콜릿을 넣은 빵오쇼콜라는 아메리카노와 먹으면 더욱 맛있다.

서초동의 랜드마크

커피와 함께 빵을 먹으면서 매장 손님과 직원을 구경한다. 부모님 손을 잡고 오는 아이와 빵 하나를 아이의 손에 쥐어 주는 부모님의 얼굴 모두 행복해 보인다. 매장에 손님이 점점 몰려 바빠지니 주방에서 나와 빵을 포장하는 셰프의 얼굴도 보인다. 직접 빵을 썰어 담아 주는 모습이 참 보기 좋다. 손님과 여러 이야기를 나누는 따뜻하며 인간적인 모습이 마치 다큐멘터리 한 편을 보는 듯하다. 어느새 매장에 손님이 줄고 한산해지자 커피 한잔을 들고 성시학 셰프가 테이블로 왔다.

"맛있는 빵으로 동네 주민에게 사랑받는 빵집을 만들고 싶어요. 서초동의 랜드마크 같은 빵집이 되는 것이 목표랍니다."

동네 빵집들이 전국 곳곳에 생겼지만 서초동은 프랜차이즈의 영향으로 동네 빵집이 없었다. 물론 최근에는 많이 생겼지만, 루스티크가 자리 잡기 전까지는 아무것도 없었다. 루스티크 자리는 동네 빵집의 무덤과도 같은 자리로 세 번이나 빵집이 모두 실패하고 나갔다고 한다. 그런 자리에서 네 번째로 문을 연 루스티크가 고

_루스티크

마우면서도 대견하다.

  다행히도 루스티크는 맛있는 빵, 건강한 빵으로 동네 주민의 사랑을 많이 받고 있으니 네 번째 빵집은 성공인 듯하다. 아마도 루스티크의 좋은 기운 덕분에 근처에 새로운 빵집이 많이 생겼을 지도 모른다. 멋진 빵집보다는 맛있는 빵집으로 서초구의 랜드마크가 되고 싶다는 셰프의 말은 천천히 이루어지고 있는 중이다.

  즐거운 이야기를 마무리하고 창밖을 내다보니 어느덧 소나기가 멈추고 해가 떴다. 다시 주방으로 향하는 셰프, 서초구의 동네 빵집은 이제 비가 그친 후의 해를 맞이할 준비를 한다. 빵집을 사랑하는 동네 주민이 많으니.

루스티크
주소: 서울 서초구 서초동 1523-7
전화번호: 02-423-7776
휴무: 연중무휴
홈페이지(블로그): blog.naver.com/art4858

리블랑제 베이커리(Lee Boulanger), 이원상 셰프

내추럴한 프렌치 베이커리

LEE BOULANGER

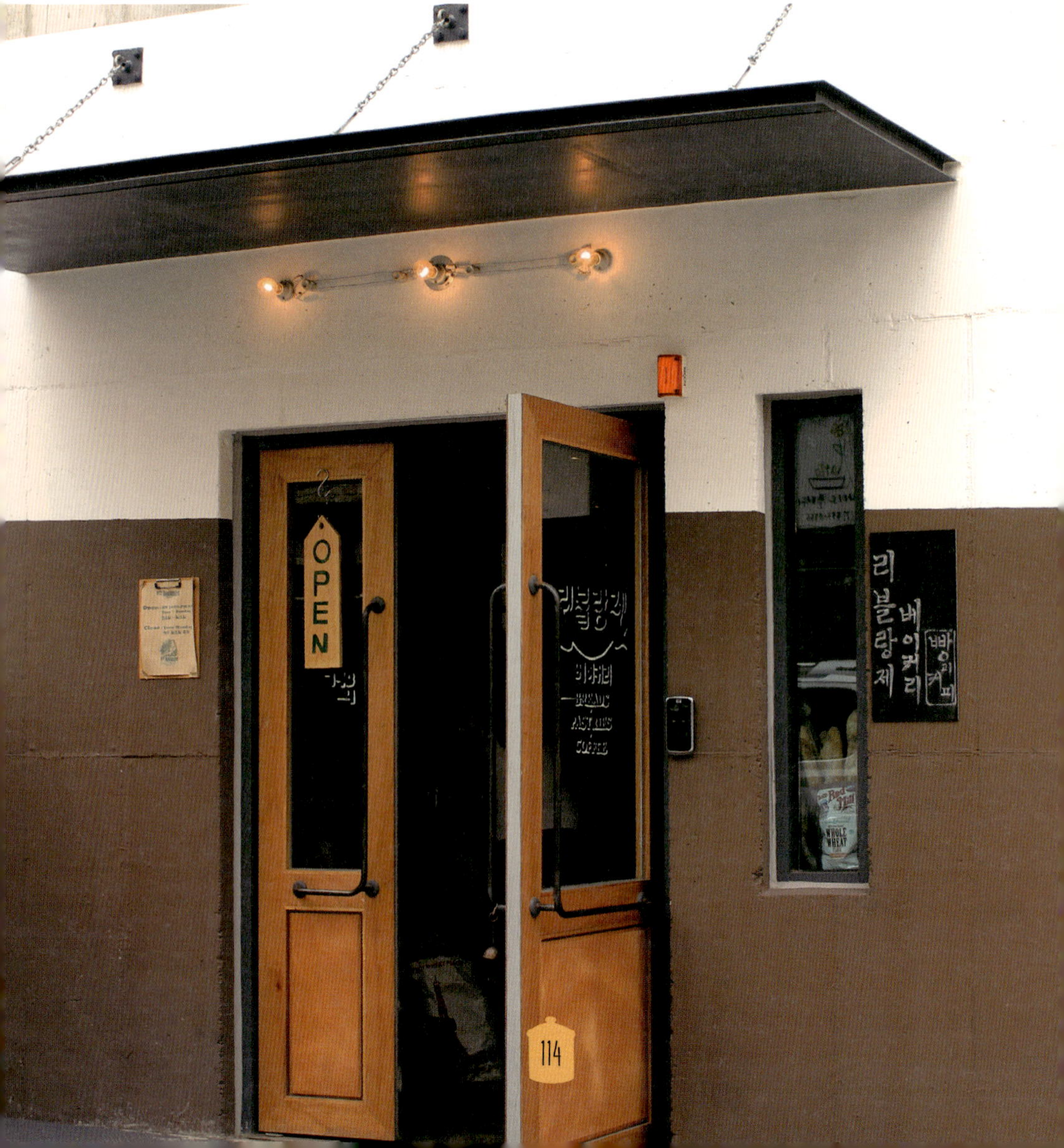

감자, 치즈 그리고 흑 후추의 만남
감자 마니아라면 감자빵을

이 씨네 빵집

첫 방문은 더운 여름이었다. 차가운 커피 한잔 마시며 쉬고 싶은 마음이 굴뚝같았지만 한 번 생긴 궁금증은 멈추지 않았다. 두 번째 방문은 목포에서 올라온 빵 동생이 가고 싶다고 해서 찾아갔다. 총 두 번의 방문 소감은 '맛있다'이다. 이 씨네 빵집은 서래마을 중심 도로 주변도 아닌 골목에 있어 교통이 불편하고, 1층이지만 안쪽으로 들어가 있어 생각 없이 걷다 보면 그냥 지나치기 쉬우니 주변을 잘 살피며 걸어야 한다.

외관은 시골 마을회관이 생각날 정도로 수수하다. 나무문과 마을회관 명패처럼 궁서체로 적혀 있는 리블랑제 베이커리라는 간판이 눈에 띈다. 처음 방문했을 때는 칠판에 대충 분필로 써 놓은 명패가 있었다. 웹디자인을 하면서 세련된 폰트 하나로 완성되는 멋진 작품을 많이 보았다. 폰트는 감성적인 부분을 자극하는데, 리블랑제의 궁서체가 바로 그렇다.

블랑제가 무슨 뜻일까 고민했다. 제빵사, 케이크나 디저트를 만드는 사람은 프랑스어로 파티시에고 블랑제는 빵집 주인, 제빵업자라는 뜻으로 리블랑제(Lee Boulanger)는 이 씨네 제빵사, 이 씨 빵집 정도로 생각하면 된다. 어린 시절 동네에 있던 현아네 식당, 선영 미용실 같은 정겨운 이름의 가게가 연상된다.

전통 프랑스 빵

가게 안의 '리블랑제 베이커리, Neighbourhood'라고 직접 쓴 문구를 보면 어느 유럽의 빵집에 와 있는 느낌이다. 프랑스 요리학교인 에꼴페랑디(Ecole Ferrandi)에서 공부하고 돌아온 이원상 셰프가 만드는 프랑스 빵은 첨가제, 팽창제, 광택제, 저급가공유지를 사용하지 않는다.

가게 안을 가득 채운 고소한 버터와 빵 냄새를 맡으며 본격적으로 빵을 구경했다. 투박한 모양에서 빵의 순수함이 느껴지는 바게트와 깜빠뉴, 버터와 설탕이 들어간 세련된 느낌의 크루아상과 브리오슈 사이에서 고민했다. 우선 순수현미빵에 손을 뻗었다. 유기농 발아 현미를 삶아서 그대로 넣고 유기농 통밀가루로 만든 빵으로 담백하여 식사용 빵으로 좋다. 구수한 현미의 맛이 잘 살아 있다.

나는 감자를 좋아해서 감자를 사용한 빵이나 요리는 전부 좋아한다. 그래서 선택한 감자빵은 둥그런 빵 속에 체다 치즈와 감자가 듬뿍 들어 있다. 짭조름한 치즈와 매콤한 후추가 잘 어울리는 빵으로 수프에 찍어 먹어도 좋고 식사용으로도 좋다. 흑 후추, 치즈, 감자 등이 서로 어울려 있는 모양이 감자 같다.

프랑스 빵집이니 크랜베리와 크림치즈, 생강과 오렌지가 들어간 깜빠뉴도 골랐다. 풍부한 맛의 크림치즈와 크랜베리가 잘 어울린다. 매콤한 생강 편이 달콤한 오렌지 껍질의 맛을 중화시켜 금세 하나를 다 먹었다. 올리브가 알알이 들어가 있는 짭조름한 바게트와 이삭 모양의 베이컨 에삐는 와인이나 맥주에도 잘 어울린다.

담백한 빵뿐만 아니라 달콤한 빵, 부드

러운 빵도 골랐다. 브리오슈 위에 고소한 아몬드크림과 얇게 썬 아몬드를 올려 바삭한 보스톡도 커피랑 잘 어울려 자주 찾는 빵이다. 뺑드미는 프랑스어로 식빵이라는 뜻으로 갓 구워져 나온 순수한 맛의 뺑드미를 그냥 손으로 뜯어먹다 보면 어느새 빈 봉지만 남는다. 식빵과 비슷한 모양의 브리오슈 로프는 달걀, 버터를 듬뿍 넣어 빵 결이 촉촉하고 부드러워 프렌치토스트를 만들면 좋다. 바삭한 슈 반죽 속에 직접 끓인 슈크림을 넣은 슈아라크렘은 일반 슈크림과는 다르다. 단단해 보이는 반죽 속에 부드러운 크림이 들어 있고 반죽의 결이 살아 있어 많은 손님의 선택을 받는다. 기존의 말랑한 슈크림과는 다른 맛을 보고 싶은 사람에게 추천한다.

시간이 멈춘 빵집

빵과 음료수를 받아 들고 1층과 2층 사이에서 고민했다. 1층에는 밖에서 먹을 수 있도록 테이블과 나무 의자가 놓인 공간이 있다. 이 공간에 시골 툇마루에나 있는

평상이 있으면 더 멋질 것 같다. 빵도 먹고 책도 보면서 한숨 낮잠도 잔다면 금상첨화다. 2층은 당근 케이크로 유명한 세시셀라 팩토리샵이 있으며 세시셀라는 브런치로도 유명하다. 리블랑제와 함께 이원상 셰프가 운영 중이다. 콘크리트 벽과 철제 블라인드, 세련된 소품과 오픈 천장에서 현대적인 감각을 느낄 수 있다.

게다가 갤러리처럼 그림을 전시하기도 하고 먹고 갈 수 있는 공간도 있다. 미술관의 멋진 공간도 좋지만, 빵집의 행복한 향기가 가득한 곳에서 보는 그림은 어렵지 않게 다가온다. 정적인 공간에서 한 번쯤 시간을 보내고 싶을 때는 서래마을의 이 씨네 빵집, 리블랑제로.

리블랑제 베이커리
주소: 서울 서초구 방배동 796-4
전화번호: 02-532-6410
휴무: 월요일

고집과 철학이 담긴 빵

19. 더 벨로(The velo), 반영재 셰프

20. 레 프레미스(Les premices), 심지인 파티시에

21. 마리안 베이커리(MARIAN Bakery), 김찬숙 셰프

22. 우앙(MOOANG), 유병구 대표

23. 브레드 오크(Bread Oak), 이일남 셰프

24. 장복용 과자공방, 장복용 대표

25. 제나나 잼(Zenana Jam), 최채요 대표

26. 카카오 붐(CACAO BOOM), 고영주 쇼콜라티에

27. 젤라띠 젤라띠(Gelati Gelati), 윤상준 대표

더 벨로(The velo), 반영재 셰프

우리 밀에서 앉은뱅이 밀로, 빵 만드는 농부를 꿈꾸며
THE VELO

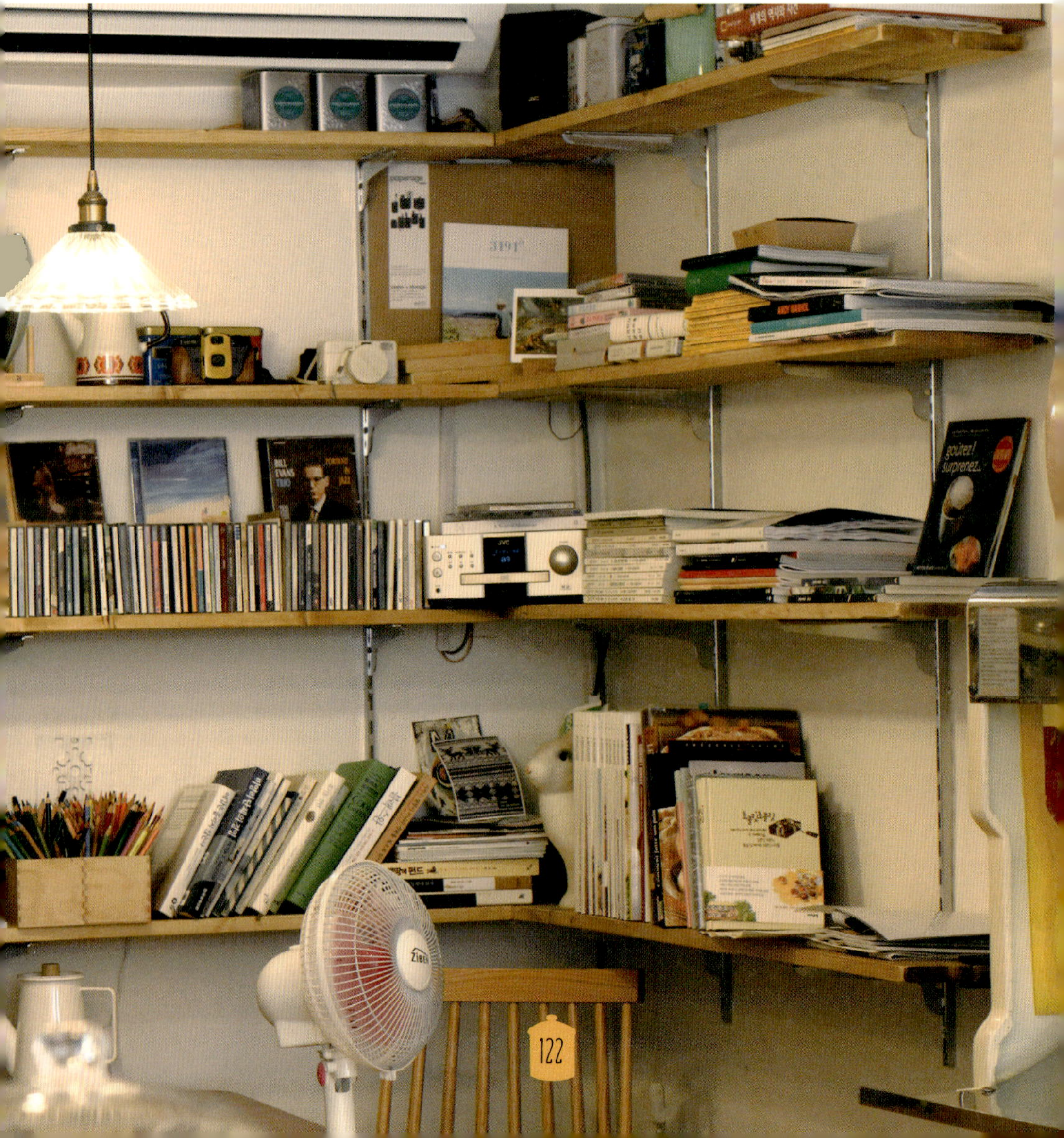

우리 밀, 앉은뱅이 밀로 만드는
담백한 매력의 바게트, 호밀빵 30%

앉은뱅이 밀로 만드는 빵
"제빵 기술은 앉은뱅이 밀, 농가, 그리고 건강을 지켜줄 것이라 믿어요."
 더 벨로의 반영재 셰프가 우리 밀과 빵에 대해 기본적인 생각을 엿볼 수 있는 말이다. 간판도 없는 작은 매장은 오븐 열로 후끈했다. 여름에는 찜질방 못지않게 온도가 올라가기 일쑤다. 매장 판매보다 업체 납품을 위한 공장에 가까운 매장은 휑한 모습이다. 어린 나이에 시작한 터라 많이 꾸미지 못했다고 한다. 그것이 더 벨로의 시작이었다.
 지금은 빵에 첨가물을 넣지 않고 건강한 재료를 사용한 빵이 입소문 나기 시작하면서 양재동에서 매장과 공장을 따로 분리하여 운영하고 있다.
 왜 더 벨로 일까. 자전거를 떠올리면 답은 바로 나온다. 빵 주문이 들어오면 가까운 곳은 셰프가 직접 자전거를 타고 배달을 나가기 때문이다. 어느새 자전거도 더 벨로의 식구가 되었다. 처음 매장문을 열고 들어섰을 때, 시간이 멈춘 것 같은 잔잔한 분위기가 흘렀다. 잔잔함 속에서 전해지는 빵 향기가 매우 구수했다. 회색 벽과 대충 꾸민 매장, 여러 제빵과 관련된 책, 제각각인 모양의 테이블, 나무를 사용한 진열대까지 마치 도시 속에서 각자의 개성을 가진 구성원이 서로 어울려 있는 것 같았다. 이런 분위기라면 마음을 무장해제하고 멍하니 온종일 빵과 커피를 즐길 수 있다.

빵 공장에서 빵 연구를
현재는 양재시민의숲역 근처로 매장을 다시 한 번 옮겼다. 기존 매장을 다양한 빵 연구를 위한 장소로 사용하고 싶어서이다. 이전한 매장 또한 간판이 작다. 그래서 손님들이 찾기 힘들다며 불평할 때마다 죄송한 마음이 들지만 큰 간판은 동네와 어울리지 않기 때문에 싫다고 한다. 찾아오기 힘든 분들께는 면목이 없겠지만, 나 또한 그의 선택을 지지하고 싶다.

 더 벨로의 빵 공장에서 구운 빵이 매장에 도착하면 아침의 시원한 바람을 타고 퍼지는 빵 냄새에 길을 지나는 사람들도 눈길을 돌리거나 짧은 인사를 건넨다. 유심히 빵을 지켜보던 할머니는 "이게 뭐여?"라고 한마디 하신다. 할머니가 보기에 단팥빵이나 소보루빵이 아닌 긴 막대기 모양에 딱딱해 보이는 검은 빵이나 익지 않은 것 같은 흰 빵은 영 이상한가 보다. "빵이에요"라는 셰프의 대답에 놀라신 눈치다. 매장 밖에서 오가는 손님들에게 "딱딱하지 않아?"하며 질문을 던지시며 믿지 못하신다. 셰프가 치즈바게트, 치아바타를 한 조각씩 잘라 딸기잼을 바른 빵을 건네자 드시고는 바로 치즈바게트와 치아바타를 사 가셨다. 할머니는 친구에게 이상하게 생긴 맛있는 빵을 먹었다고 이야기할지도 모르겠다.

우리 밀, 앉은뱅이 밀

우리 밀, 수입 밀가루, 유기농 밀가루 등 빵의 재료에 관한 여러 이야기가 많지만, 요즘은 셰프의 개성에 따라 밀가루를 선택해 사용하는 추세다. 농사에 관심이 많은 반영재 셰프는 우리 밀에 관한 관심이 자연히 앉은뱅이 밀로 이어졌다고 한다. 수요가 많아야 농사를 짓게 되고 그러면 당연히 공급 가격도 내려가고 수입 밀에 대한 의존도가 낮아질 수 있다고 한다. 앉은뱅이 밀은 보통 국수를 만들 때 사용

하는 키가 50~80cm 정도밖에 되지 않는 토종 밀 종자로 수입 밀가루보다 글루텐 성분이 낮아 덜 쫀득하지만, 소화에 부담이 없다고 한다. 하지만 잘 부풀지 않아 부피감이 없는 단점도 있다. 그러나 수많은 테스트를 거쳐 재료의 단점을 보완하고 장점을 최대한 살려 매장에서도 앉은뱅이 밀을 사용한 빵을 판매하고 있다. 작은 움직임으로 그치지 않도록 적극적인 연구와 홍보를 할 예정이라고 한다.

우리 밀을 사용한 빵들을 구경하면서 호두바게트, 먹물치즈식빵, 숭늉바게트, 메밀 치아바타 등을 골랐다. 단면에 커다란 호두가 그대로 보이는 호두바게트, 검은색이 매력적인 먹물치즈식빵 속에는 롤치즈가 가득해서 짭조름하면서 차진 빵과 잘 어울린다. 평범하게 생긴 치아바타는 담백하고 쫄깃해서 계속 찾게 된다.

크랜베리 비엔누아는 촉촉하고 부드러우며, 우리 밀로 만든 크루아상은 종이처럼 얇은 결이 하나씩 살아 있다. 달콤한

_통밀 크림 치즈빵

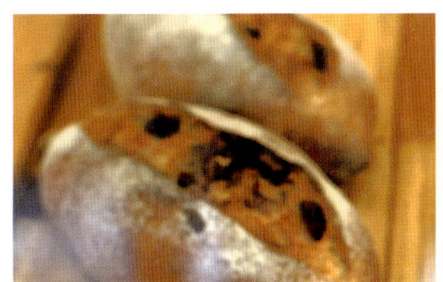 

뺑오쇼콜라, 바나나 데니쉬도 있다.

　반영재 셰프는 영화를 볼 때면 양재극장, 좋아하는 음악을 들을 때는 양재다방을 이용하고, 빵을 좋아하는 사람들과 모임을 하고 활발히 연구도 진행하며 우리 밀을 위한 '밀을 찾아 떠나는 여정'도 진행 중이다. 이런 셰프가 이끄는 더 벨로는 단순한 빵집이라고 하기에는 그 이상의 의미를 가진 곳이다.
　특히 셰프가 직접 그리는 토끼 그림은 동화 작가라 해도 손색없을 정도의 실력이다. 그가 그린 동화를 보면 마음이 정화되는 것 같다. 물론 빵을 먹을 때도 정화되는 기분이다.

더 벨로
주소: 서울 서초구 양재2동 255-10
전화번호: 070-4226-3976
휴무: 일요일
홈페이지(블로그): blog.naver.com/beatoutdaily

레 프레미스(Les premices), 심지인 파티시에

Only Macaron, 오직 마카롱을 위한 곳 마카롱
LES PREMICES

재료 본연의 색을 살린
피스타치오, 와인, 블루치즈, 장미 마카롱

SNS를 통한 인연

나는 격동의 70년대를 너희가 아느냐고 장난스럽게 이야기하는 79년생이다. 내 나이 또래는 아날로그와 디지털, 삐삐와 휴대폰, 모뎀과 광랜을 모두 겪은 세대이다. 전화선을 연결해서 사용하던 모뎀은 컴퓨터를 켜면 '띠띠띠'라는 통화 중 소리를 들려줬었다. 모뎀을 거쳐 광랜으로 넘어오면서 인터넷이라는 새로운 환경을 기반으로 여러 SNS를 경험하면서 다양한 인맥을 만들었다.

어느 날 회사로부터 의무적으로 SNS를 사용해야 한다는 말을 들었다. 어떤 사람은 한숨을 쉬기도 하고 귀찮은 듯 모니터를 째려보기도 했지만 나는 새로운 무언가를 한다는 것 자체가 흥미로웠다. 온라인을 통해 내가 경험하지 못한 다른 사람의 직업과 의견을 들어보는 일이 신선했다. 그중에는 제빵사뿐만 아니라 파티시에도 있었다. 그들의 SNS에 올라온 작고 동그랗고 알록달록한 달콤한 과자에 눈길이 갔다. 한입 베어 물면 쉘과 달콤한 크림이 입안 가득 퍼지는 마성의 디저트 마카롱이었다.

사실은 이탈리아 출신인 마카롱

마카롱은 프랑스 과자라고 알려졌지만, 사실은 이탈리아에서 처음 만들었다. 13세기경 이탈리아 베니스에서 사용하던 마카롱의 배합표가 기원이라 할 수 있다. 당시에는 소형 아몬드 과자를 '잘된 반죽'이라는 뜻으로 마케로네(Macerone)라고 불렀다. 1533년 마카롱을 좋아하던 이탈리아 메디치가의 카트린느가 프랑스 왕 앙리 2세와 결혼하면서 마카롱 배합표가 프랑스로 건너온 것이다. 은신처를 잃은 수녀들이 은신처를 제공한 이들에게 보답하기 위해 만들면서 본격적으로 외부에 알려지게 되었다. 수녀가 만들어 '시

스터의 마카롱'이라는 뜻에서 '쉐르 마카롱(Seour macaron)'이라고 부르기도 한다. 지금도 낭시에는 수녀의 비법을 이은 마카롱 전문점이 있다.

재료는 단순하지만, 습도와 온도에 따라 예민하게 반응하는 마카롱은 까다로운 과자로 밀가루가 전혀 들어가지 않는다. 달걀흰자, 설탕, 아몬드 가루를 넣고 오븐에 구워 완성한 두 개의 쉘 사이에 크림을 샌드하여 만든다. 알록달록한 개성적인 색상은 여자의 마음을 흔든다. 요즘은 기념일이나 화이트데이에는 마카롱을 선물하는 경우가 부쩍 늘었다.

신에게 처음 바치는 선물 레 프레미스

레 프레미스의 심지인 파티시에는 마카롱의 매력에 푹 빠져 늦은 나이에 프랑스로 건너가 공부했다. 늦은 나이에 유학을 가서 남보다 배로 공부하고 현지에서 일하면서 자신만의 매장을 내기 위해 노력한 결과 매봉역에 '레 프레미스(Les premices)'를 오픈했다. '신에게 처음 바치는 선물'이라는 뜻의 '레 프레미스(Les premices)'는 첫 수확물의 풍요로움에 대한 감사한 마음을 신에게 전했던 것처럼 마카롱을 접하는 사람에게 감사한 마음을 전하고 싶어 붙인 이름이다.

디저트 가게가 몰려 있는 가로수 길도 아닌 3호선 끝에 위치한 매봉역에 가게를 열었다는 이야기에 의아했는데 알고 보니 그곳은 작은 카페들이 서로 개성을 뽐내며 카페 골목을 형성하고 있는 곳이었다. 많은 가게 중에서도 멀리서도 눈에 띄는

곳이다. 검은색 간판에 황금색으로 적혀 있는 문구 '레 프레미스(Les premices) ONLY MACARON'이 오직 마카롱만을 위한 공간임을 알려준다. 외관에서 풍기는 분위기에 처음에는 보석 가게로 착각하는 사람도 많았다고 한다.

안으로 들어가면 정면에 보이는 진열장에 마카롱으로 만든 트리와 함께 예쁜 상자들이 진열되어 있다. 그대로 선물해도 좋을 만큼 다른 포장이 필요 없다. 마카롱을 좋아하는 동화 주인공을 그림으로 옮겨 놓았다. 구매 개수에 따라 상자 크기도 달라진다. 매장 외관과 비슷한 검은색, 황금색, 흰색이 서로 잘 어울린다. 매장에는 마카롱을 먹고 갈 수 있는 테이블과 의자도 준비되어 있다. 왼쪽 진열대에는 알록달록한 마카롱이 가득하며 흰 장갑을 끼고 보석처럼 조심스럽게 다루어야 할 것 같다.

수십 여 가지의 마카롱을 살펴보면 피스타치오, 와인, 블루치즈, 장미 등 재료의 색이 바로 떠오르는 것들이 많다. 레 프레미스의 마카롱은 매끈하고 일정하게 터진 프릴이 특징으로 속이 꽉 찬 쉘은 동그랗게 솟아 그리 크지 않다. 입속에서 부드럽게 녹는 달지 않은 마카롱, 그 속의 진한 크림이 서로 어울려 마카롱의 새로운 맛의 세계가 펼쳐진다. 가장 인기 있는 블루치즈는 예쁜 하늘색 뒤에 은은한 치즈 맛을 숨기고 있다. 이런 레 프레이스만의 맛이 소문이 나면서 어느새 유명해졌다.

오직 마카롱!

누구보다 마카롱을 사랑하는 심지인 파티시에는 꼭 제대로 된 마카롱을 소개하고 싶다고 한다. 이런 그녀의 노력과 열정을 '오직 마카롱'이라 표현하고 싶다. 수줍은 소녀 같은 모습이지만 마카롱에 관해서만은 뜨거운 정열을 갖고 있다. 우리에게도 '오직'이라는 단어를 붙일 만큼 열정을 불태울만한 대상이 있을까?

레 프레미스
주소: 서울 강남구 도곡동 424번지 1층
전화번호: 02-571-3127
휴무: 월요일

마리안 베이커리(MARIAN Bakery), 김찬숙 셰프

엄마가 만든 빵, 홈 베이커에서 프로 베이커로 변신

MARIAN BAKERY

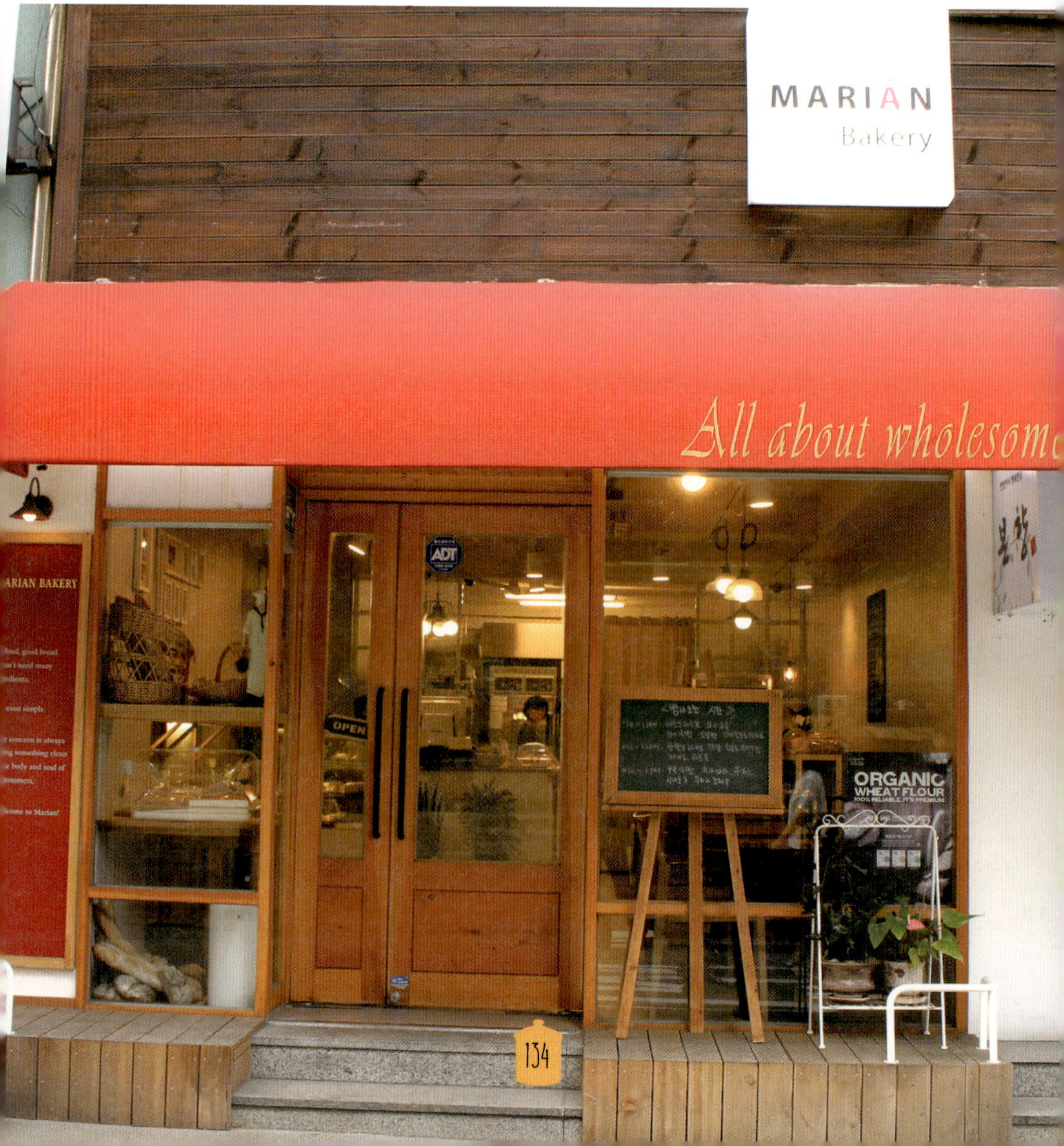

구수한 바게트에 분홍색 산딸기 크림이 돋보이는 산딸기 바게트

'민희'가 만드는 마리안 베이커리

'딸의 말에 못할 것도 없지라는 생각으로 시작했지만 두 번 다시 하라면 못할 거로 생각한다.'

마리안 베이커리 블로그에 적혀 있는 말이다. 마리안 베이커리의 김찬숙 셰프는 결혼 후 전업주부로 살다가 '민희'라는 닉네임으로 천안 주부 동호회에서 활동하며 세상과 소통하기 시작했다. '민희'라는 닉네임은 본명이 아니라 두 딸의 이름에서 한 글자씩 따서 만든 것이다. 그녀는 그 후 동호회에서 블로그로 자신의 활동지를 바꾸었다. 블로그에 직접 배양한 발효종을 사용한 빵을 소개하고 레시피를 공유하는 등 활발한 활동을 한 '홈 베이커(home baker)'였다. 홈 베이커는 말 그대로 집에서 빵을 만드는 사람을 가리킨다.

빵집 이름을 결정할 때 그동안 사용하던 '민희'라는 별명 그대로 민희 베이커리라 이름 짓고 싶었지만, 너무 흔한 이름이어서 고민한 끝에 천주교 세례명 '마리안나'에서 따온 '마리안 베이커리'로 결정했다. 마리안 베이커리는 엄마이지만 민희인 자신의 빵을 내놓는 공간이 된 것이다.

집에서 만들어 가족이나 주변 사람들과 나눠 먹는 것이 아니라 소비자에게 돈을 받고 판매하는 빵이기 때문에 오픈하기 전까지 너무 힘들어 도망가고 싶은 마음이 든 적도 있었다. 집에서 먹는 빵은 모양이 예쁘지 않고 맛이 덜해도 이해를 받을 수 있지만, 돈을 받고 파는 것은 그럴 수 없기 때문이다. 빵집 오픈을 위한 서류 준비, 행정 처리, 인테리어까지 빵 이외에도 신경 써야 할 것이 너무 많았다.

분홍색 산딸기 베이커리

마리안 베이커리의 블로그에 올라온 연구 결과와 다양한 시도를 지켜볼 때마다 빵 맛이 정말 궁금했다. 마리안 베이커리는 한적한 골목에 있었다. 너무 튀지도 않고 주변 가게와도 잘 어울렸다. 매장문을 열고 들어서니 훤히 들여다보이는 주방을 'MARIAN'이라고 적힌 커튼으로 공간을 구분했다. 아직 오픈 전이라 한창 전기 공사를 마무리하는 중이었다. 예쁜 빵 사진, 직접 사용하는 유기농 밀가루 포대, 빵 식힘대 등 화려한 인테리어나 소품은 없지만 깔끔하고 자연스러운 것이 마리안 베이커리다웠다. 한쪽 벽에는 마리안 베이커리의 발효 방법에 관한 설명이 붙어 있다. 천연 발효종을 100% 사용한 사워 도우빵, 천연 발효종과 이스트를 적절히 사용한 빵, 폴리쉬법, 스폰지법, 스트레이트 등 제빵에 관한 설명과 식재료 설명이 적혀 있다.

곳곳을 구경하면서 산딸기바게트, 바질 브리오슈, 멀티 그레인을 골랐다. 산딸기 바게트는 아마 씨, 참깨, 해바라기 씨 등을 넣고 구운 바게트를 반으로 갈라 분홍색의 산딸기크림을 샌드했다. 느끼하지 않고 깔끔해 마리안 베이커리의 인기 NO.1 빵이다. 귀여운 식빵 모양의 바질 브리오슈를 반으로 자르면 돌돌 말린 빵 속에 녹색의 바질페스토가 들어 있다. 부드러운 빵 결에 바질 향이 좋다. 바질 페스토는 매장에서도 따로 판매하고 있으니 샐러드나 빵에 발라먹는 것을 추천한다. 멀티 그레인은 아마 씨, 참깨, 오트밀을

넣어 씹히는 맛과 구수한 맛이 참 좋다.
 마리안이라는 이름을 내건 마리안 브레드를 안 먹어 볼 수 없다. 유기농 밀가루와 유기농 통밀로 만든 천연 발효종 빵으로 특유의 신맛과 풍미가 느껴지는 빵이다. 탄력이 좋아 쫄깃하다. 마리안 브레드의 신맛이 입에 맞지 않는다면 같은 반죽을 사용해 피칸과 블루베리를 넣은 피칸블루베리 사워도우를 권한다. 100% 사워도우, 통밀빵, 호밀빵, 마리안 브레드처럼 만드는 시간이 오래 걸리는 빵은 매주 토요일에 판매하고 그 이외에 요일에는 주문을 받는다. 빵을 거의 다 먹을 때쯤 셰프와 눈이 마주쳤다.

엄마가 만든 빵

"아직 오픈 전이라 어수선하죠? 다른 빵도 드셔 봤나요?"
 셰프가 직접 권해 주는 빵을 먹으면서 잠시 이야기를 나누었다. 비록 전문적으로 제과제빵을 배우지는 않아 부족한 점이 있을 수도 있지만, 맛있는 빵이 가득한

동네의 사랑방 같은 빵집을 만들고 싶다고 한다. 직접 만든 레시피로 만든 빵을 맛있다며 다시 찾는 손님을 보면 뿌듯하고 피곤이 싹 사라진다고 한다. 아이들에게 직접 빵을 만들어 주고 싶어 하는 엄마들을 위한 베이킹 클래스도 준비 중이다.

"엄마가 만드는 빵이 최고야, 가게에서 파는 빵보다 더 맛있어"라는 아이의 말은 한 홈 베이커를 프로 셰프로 다시 태어나게 한 응원의 말이었다. 여자는 약하나 엄마는 강하다. 홈 베이커도 강해질 수 있다!

MARIAN Bakery
주소: 서울 강남구 대치동 1022-4
전화번호: 02-501-0374
휴무: 월요일
홈페이지(블로그): blog.naver.com/marian0

무앙(MOOANG), 유병구 대표

사계절의 기쁨을 담은 빵
식사용으로 좋은 통호밀 크랜베리

MOOANG

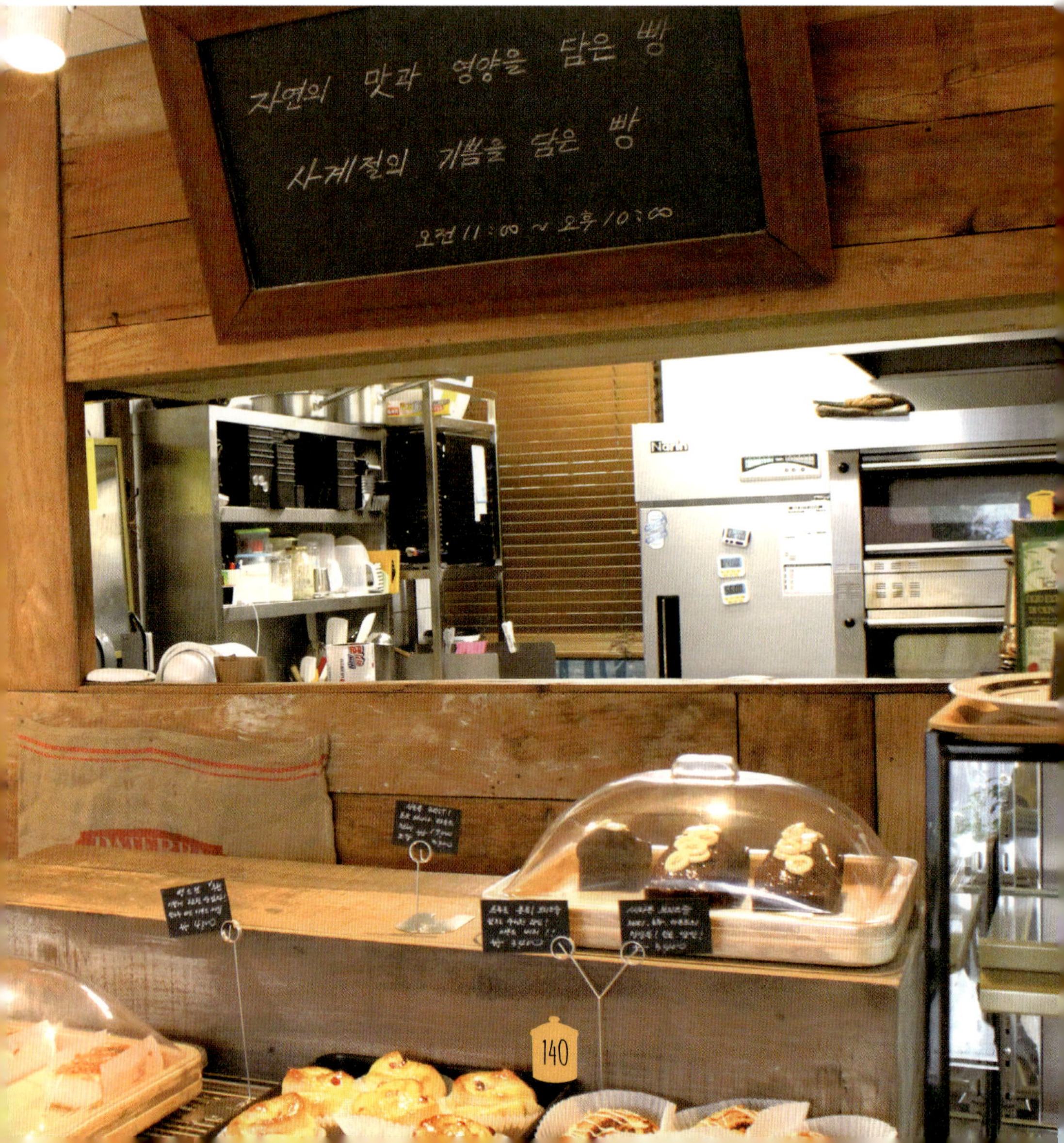

노르스름한 단호박의 색과 맛을 지닌
단호박 크림치즈
식사용으로 좋은 통 호밀 크랜베리

자연의 맛과 영양을 담은 빵, 사계절의 기쁨을 담은 빵

무앙에 도착하면 제일 먼저 반겨 주는 문구는 바로 '갓 구운 빵 나왔습니다'이다. 2013년 한티역과 대치동에 무슨 일이 있었던 걸까? 여러 빵집이 새로 들어섰는데 모두 각자의 개성이 살아 있고 빵도 맛있다. 사실 집에서 먼 지역은 특별한 일이 없으면 안 가지만 새로운 빵집이 생겼다는 소식을 듣고 바로 출발했다. 일부러 한티역에서 내려 대치역, 학여울역까지 걸어가면서 골목마다 숨어 있는 동네 빵집에 한 번씩 눈도장을 찍으면서 빵을 샀다.

그렇게 도착한 골목은 한창 공사 중이었다. 덤프트럭과 중장비로 골목 안은 복잡했다. 공사 현장에 가려져 있던 빵집을 겨우 찾을 수 있었다.

판매하는 빵 이름을 적어 놓은 나무 간판은 왠지 70~80년대 시절의 문패 같다. 문패에는 '이 집은 나의 집'이라는 것처럼 주인의 이름이 적혀 있었는데 무앙에서는 빵이 주인이다. 그리고 벽에 달린 종은 운동장에서 열심히 놀고 있으면 수업 시간을 알려 주는 종처럼 '땡땡땡'하고 금세 울릴 것 같다. 입구 앞에 있는 테이블 위로 내리쬐는 햇볕에는 비타민 D가 풍부해 탁자에 앉아 햇볕을 만끽하며 빵을 먹으면 구루병과 우울증이 한방에 사라질 것 같다. 꼭 앉아 보고 싶은 마음에 매장을 나와 빵 정리를 핑계로 잠시 앉았다. 생각보다 더 좋다.

외관에서 풍기는 깨알 같은 소품도 마음에 든다. 그런데 갑자기 '무앙'이라는 이름의 뜻이 궁금해졌다. '없을 무(無)'가 중앙에 적혀 있으니 '없다'라는 뜻인 것 같다. 군더더기가 없다는 뜻으로 빵에 화학첨가물을 넣지 않고 자연스러운 빵을 만들겠다는 셰프의 의지가 들어 있는 것 같다.

가게는 몇 사람이 들어서면 북적거릴 정도로 그리 크지 않다. 은은한 조명, 나무 진열대와 쇼 케이스는 마음을 편하게 만들어준다. 가게 안에 들어서면 오븐과 작업대가 보이는데 어떤 장비와 재료를 사용하는지 보인다. 교실의 급훈처럼 계산대 벽 위에는 무앙이 추구하는 빵에 관한 신조가 적혀 있다. '자연의 맛과 영양을 담은 빵', '사계절의 기쁨을 담은 빵.' 과연 어떤 빵일지 궁금하다.

레몬 향이 나는 소보루빵

통호밀을 사용한 식빵이나 바게트, 식빵 등 담백한 식사 빵 종류가 준비되어 있으며 투박한 모양이 친근하다. 크랜베리 통호밀은 묵직한 파운드 케이크처럼 생겼다. 크랜베리, 건포도, 호두가 서로 어울려 고소하면서도 새콤하다. 밀도가 높은 빵이라 한 조각만 먹어도 속이 든든해져 무앙의 식사 빵 중에서도 단연 인기가 높다. 새콤달콤한 건포도바게트, 은은히 느껴지는 초콜릿이 너무 달지 않은 초코바게트, 무화과를 품은 무화과바게트, 블랙 올리브가 살짝 보여 씹을수록 차진 맛이 좋은 올리브 치아바타까지 무앙의 빵은 식사 빵으로 매우 훌륭하다.

물론 소보루빵, 단팥빵, 초코슈크림, 단호박 크림치즈 등 달콤한 단과자 빵도 있다. 소보루빵 위에 올라간 소보루는 조금

독특하다. 일반적인 소보루는 버터, 땅콩버터, 설탕, 밀가루로 만들어 달콤하고 고소하지만, 이곳의 소보루는 레몬 향이 나는 상큼한 소보루다. 처음 먹으면 익숙하지 않은 맛에 어색할 수도 있지만 깔끔하면서도 담백해서 특히 어린 아이를 둔 엄마들에게 인기라고 한다. 곱게 뿌려진 카카오가 매력적인 초코슈크림빵은 초콜릿을 먹는 것 같다. 단호박 크림치즈빵은 노란 공처럼 동그란 빵 속에 단호박과 마스카포네 크림치즈를 넣어 단호박의 질감과 부드러운 크림치즈가 잘 어울린다. 달지 않아서 더 좋다.

작은 가게지만 빵 의외에도 레드벨벳 컵케이크, 브라우니, 당근 케이크, 뺑드젠, 애플 진저 타르트 등 디저트도 알차게 준비되어 있다. 화려하지는 않지만, 맛은 일품인 디저트다. 이곳의 알찬 메뉴를 보면 작은 고추가 맵다는 말이 실감 난다.

__ 단호박 크림치즈

빵의 완성도는 셰프의 자존심

빵을 고르고 있는데 그린티마블을 진열대에서 전부 빼내고 있었다. 무슨 일인지 조용히 지켜보니 그린티마블을 구매한 고객에게 하나씩 나눠 주는 것이다. 이벤트인지, 많이 산 고객에게 나눠 주는 것인지 잘 모르겠다.

"오늘 그린티마블이 과발효가 되서 팔 수가 없어요. 제대로 만든 빵을 나눠 드려야 하는데 죄송합니다. 버릴 수도 없고, 꼭 제대로 만들어서 다시 선보일게요."

그린티마블 반죽이 과발효되어 모양이나 맛에는 그다지 이상은 없지만, 양심상 돈을 받고 팔 수 없어 그냥 나눠 주는 것이었다. 제대로 완성되지 않은 빵을 손님에게 팔 수 없다는 셰프의 의지가 엿보인다. 제대로 만들지 못한 것을 손님에게 나눠 주는 쪽이 더 안 좋다고 말하는 사람도 있을 수 있겠지만, 다음에는 제대로 만들어 팔겠다는 이야기에 이해가 되었다. 구매한 빵과 시식 빵에 대해 이런저런 이야기를 직원과 나누면서 무앙의 매력을 더 알 수 있었다. 빵뿐만 아니라 친절에도 군더더기가 없는 곳이다.

MOOANG
주소: 서울 강남구 대치동 985
   대치 래미안아파트 상가
전화번호: 02-557-8288
휴무: 일요일

브레드 오크(Bread Oak), 이일남 셰프
같지만 다르게, 나만의 빵으로
BREAD OAK

통 밤과 달콤한 시럽이 커피와 잘 어울리는
구리구리마롱

제2의 브레드 오크

빵생빵사 카페에 올라온 새로운 빵집의 오픈 소식에 눈이 커졌다. 카페 게시판 '빵뉴스'에는 전국의 빵집 소식이 발 빠르게 올라온다. 새로운 빵집은 주로 검색, 지인 정보, 카페 등을 통해 알게 된다. 브레드 오크의 서울 2호점 소식을 듣고 울산의 1호점을 검색한 후 바로 한티역으로 향했다. 역에서 10분이면 도착할 거리지만 여기저기 구경하면서 갔다. 문을 닫은 동네 빵집의 간판을 떼고 있는 모습을 보니 프랜차이즈 빵집 속에서 동네 빵집이 나아갈 방향에 대해 생각하고, 맛을 소비자에게 적극적으로 알릴 필요가 있다고 느꼈다.

매장 앞에 도착하자 베이지색으로 꾸민 밝은 분위기의 외관이 보였다. 큰 창을 통해 매장의 빵 진열대가 밖에서도 보인다. 마치 빵도 햇볕을 쬐고 있는 것 같다.
안에 들어서면 왼쪽에는 테이블, 오른쪽에는 빵과 케이크가 손님을 기다리고 있다. 햇살이 매장 구석까지 들어오니 빵이 더욱 먹음직스러워 카메라를 꺼냈다. 동네 빵집에서 사진 찍기 힘들지 않느냐는 질문을 많이 받는데, 물론 힘들다. 셰프나 직원은 생계가 달린 곳이니 불편할 수도 있다. 그러나 먼저 양해를 드리고 어떤 용도로 사용할 것인지 미리 말씀드리면 대부분 예쁘게 찍어 달라며 흔쾌히 허락한다. 사진을 찍고 싶다면 꼭 먼저 물어보는 것이 좋다. 나무문 너머 빵 공장에서 나오는 직원에게 몇 가지 질문했다.

"혹시 여기가 2호점인가요? 울산에도 브레드 오크가 있다고 들어서요."
"아니요, 울산의 브레드 오크는 친한 친구의 가게이고, 여기는 같은 이름이지만 주인은 다른 빵집이랍니다."

_정통 바게트

친절히 답해 준 사람은 바로 브레드 오크의 이일남 오너 셰프다. 울산의 브레드 오크는 친한 친구가 운영하는 곳이라고 한다.

빵집 이름의 숨겨진 이야기를 들으면 왠지 잃어버린 퍼즐 조각을 맞추는 것 같다. 내 이름인 '정은진'이라는 이름을 가진 다른 사람도 많지만 나는 한 사람인 것처럼 서울의 브레드 오크는 울산의 브레드 오크와 이름은 같지만, 나만의 빵, 셰프 스타일대로 꾸려나가고 있다.

나무 진열대와 흰색으로 꾸민 실내가 눈을 편하게 만든다. 가공 이스트 대신 자연 효모균을 넣어 장기간 저온 숙성한 건강하고 신선한 빵이라는 브레드 오크의 천연 발효 빵에 관한 설명도 보인다. 은은하게 퍼지는 빵 냄새를 맡으며 자연스레 구경하면서 빵을 골랐다.

먹고 싶은 빵이 종류별로

진열대를 잘 살펴보면 빵의 특성에 따라 잘 분류해서 진열하고 있다. 조리 빵은 조리 빵끼리, 구움과자는 구움과자끼리, 식사 빵은 식사 빵끼리 모여 있어 빵을 고르기 편하다. 밤이나 고구마를 넣은 달콤하고 부드러운 브리오슈, 견과류와 건과일을 넣은 깜빠뉴나 과일 브레드도 인기가 많다.

그뿐만 아니라 담백한 바게트와 달콤한

메이플 시럽을 바른 메이플바게트, 마늘바게트, 소시지바게트를 취향에 따라 골라 먹는 재미가 있다. 소시지바게트는 아이들에게 인기 만점이다. 블랙 올리브와 바질을 넣은 올리브 치아바타의 바질 향은 천천히 씹을 때 더욱 잘 느껴진다. 빵집에서 빼놓을 수 없는 빵인 소보루빵, 고로케, 단팥빵도 준비되어 있다.

갈레트, 피낭시에, 다쿠아즈, 샤바랭 등 자주 먹지는 않아도 한 번쯤은 먹어본 구움과자와 파운드 케이크, 롤케이크, 생크림 케이크, 치즈 케이크 등의 다양한 케이크도 손님을 기다린다.

루스틱과 구리구리마롱, 심심이 식빵을 골랐다. 구리구리마롱은 말발굽 모양의 휘어진 빵으로 통 밤과 해바라기 씨가 고소하며, 밤과 달콤한 시럽이 커피랑 잘 어울린다. 루스틱은 다양한 견과류 에너지바처럼 속이 꽉 차 있어 오도독거리며 씹히는 소리에 스트레스가 풀린다. 심심이 식빵은 스프링 모양처럼 생겼다. 마치 상자에 접어 넣으면 튀어 올라 사람들에게 즐거움을 줄 것 같다. 이처럼 이름과는 정반대의 모양이지만 심심할 때 뜯어먹으면 어느새 하나를 다 뜯어 먹게 된다. 동그란 모양대로 잘라 샌드위치를 만들어 먹어도 딱 좋은 빵으로 허니 브레드에도 잘 어울린다.

__왼쪽부터 구리구리 마롱, 구리구리 고구마

빵의 용기를 제공하는 빵집

"브레드 오크(Bread Oak)는 무슨 뜻일까?"

갑자기 궁금해졌다. 오크가 떡갈나무나 졸참나무니까 빵나무라는 뜻일까? 괜히 탐정처럼 뜻을 찾아보았다. 떡갈나무는 도토리나무라고 부르기도 하며 용기라는 의미를 가진 나무라고 한다.

'빵의 용기', 빵을 먹고 호랑이 기운이 솟아나는 것은 아닐까 하는 황당한 생각을 해본다.

브레드 오크
주소: 서울 강남구 대치동 919
전화번호: 02-553-9595
휴무: 없음

장복용 과자공방, 장복용 대표

장인의 손맛,
화과자의 새로운 세계

WWW.JBYGONGBANG.COM

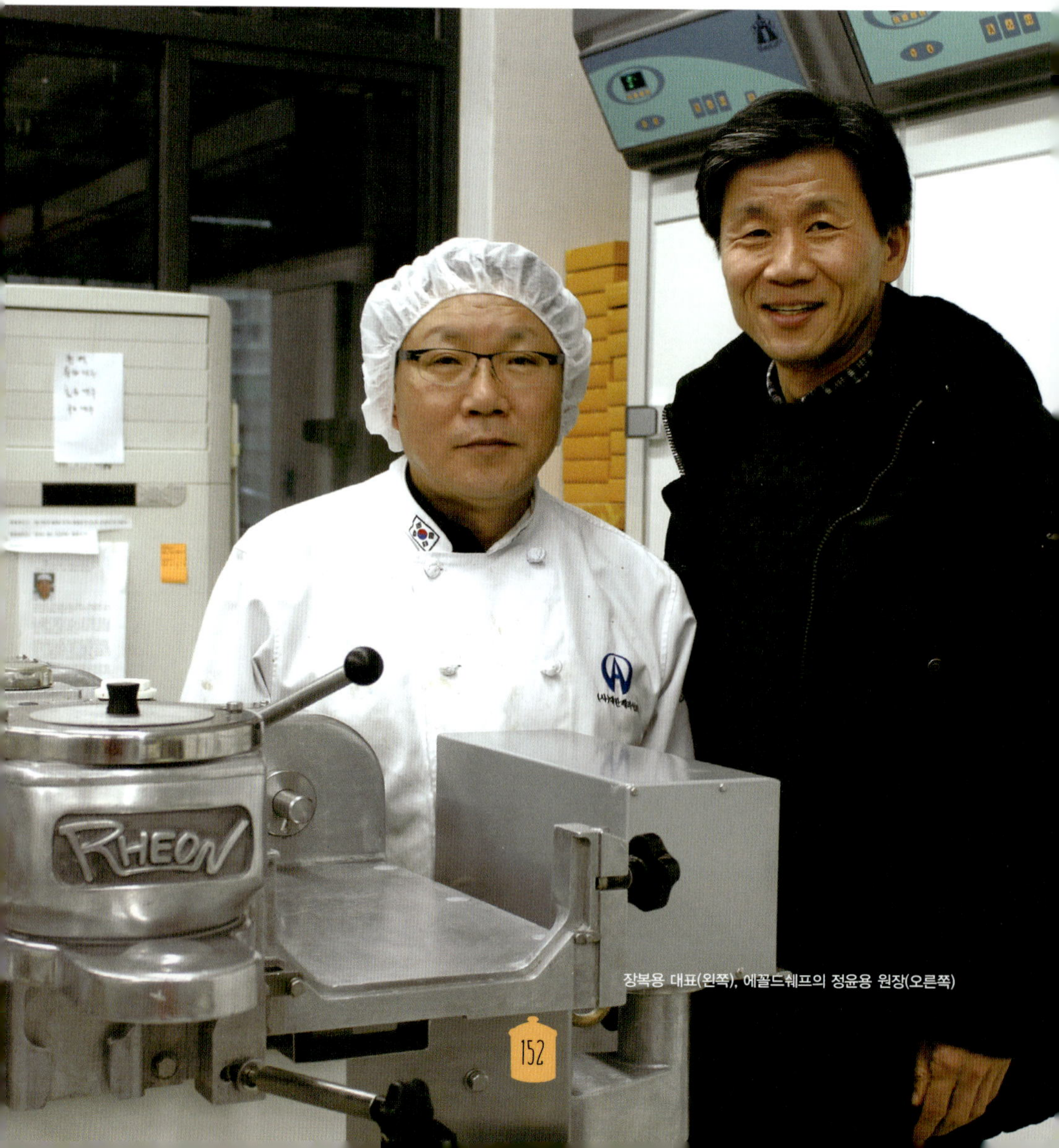

장복용 대표(왼쪽), 에꼴드쉐프의 정윤용 원장(오른쪽)

부드럽고 달콤한 앙금과 촉촉한 만주 피의
환상적인 조합
장인이 만드는 만주

장인이 만드는 만주를 찾아서

  맛있는 만주, 화과자를 찾았다고 빨리 블로그에 소개하고 싶은 마음으로 들떠 있었다. 부드럽게 녹는 팥 앙금, 촉촉한 만주 피, 마지막을 차로 장식할 때 느껴지는 깔끔함이 그동안 먹었던 다른 만주에서는 느끼지 못했던 맛이었다. 다들 한 번쯤은 천 원에 세 개씩 파는 밤 만주를 사서 무심코 주머니 속에 넣고 하나씩 꺼내 먹던 기억이 있을 것이다. 하지만 기억 속의 만주는 맛있는 과자는 아니었다. 두꺼운 만주 피 속의 앙금은 대부분 너무 달고 인공적인 맛이 강하고 수분이 없어 푸석하게 부서졌다.
  '달콤하고 부드러운 앙금과 촉촉한 만주 피를 가진 만주는 우리나라에 없는 걸까?'라는 고민을 하던 차에 우연히 알게 된 장복용 과자공방은 나에게 신선한 충격을 안겨 주었다.

  "그 친구는 말이야, 그냥 기술자야, 장인이지. 장사치는 아니야"라는 이야기를 들었을 때도 큰 감흥은 없었다. 그래서 기대 없이 장복용 과자공방을 찾았다. 오후 세 시쯤이었는데 공장은 이미 그날의 작업을 끝내고 깔끔하게 정리된 상태였다. 동네 빵집을 좋아하는 터라 공장이라는 공간이 무척이나 낯설게 다가왔다.
  공장 문을 열고 들어서니 직접 팥을 끓이는 시설이 보였다. 포장 이외에는 전부 사람 손을 거쳐 만든다고 한다. 만주의 맛을 결정하는 것은 80% 이상이 앙금이라고 하니 앙금 공장에서 대량 생산한 앙금과는 당연히 다를 테지만 앙금을 직접 생산한다고 해도 만주에 대한 내 생각은 바뀌지 않았다.

  그날의 만주 생산 작업을 마치고 크리스마스 시즌이 끝났음에도 슈톨렌을 포장하고 있는 모습이 흥미로웠다. 한 조각 얻어먹어 보았다. 슈톨렌은 빵에 가까운 식감이었지만 향신료의 맛은 놀라웠다. 예상을 깬 맛이었다. 이후에 장복용 대표의 제과제빵 경력이 40여 년이라는 것을 알게 되었다. 조용히 만주를 지켜보고 있던 나에게 직접 만든 만주와 차를 주셨다. 워낙 시중에 나와 있는 만주 대부분이 달고 자극적인 맛이라 두 개 이상을 먹지 못하는데 사장님은 쟁반 가득 만주를 담아 주셨다. '예의상 두 개 이상은 먹어야 할 텐데…'라는 생각으로 벌써 머릿속은 복잡했다. 어색하게 양손에 만주를 집어 들고는 단 만주 때문에 고생할 위를 걱정하면서 먹었다.

포장을 벗겨 한입 베어 문 순간의 맛을 지금도 기억한다. 입속에서 사르륵 녹는 앙금은 인공적인 잔향과 단맛의 끈적거림은 없고 오로지 앙금 맛만 느껴졌다. 응축된 달콤한 앙금이 입에서 녹아내리는 맛, 그리고 차 한잔으로 깔끔하게 입안이 정리되는 느낌은 전에 먹었던 만주와는 확연히 달랐다. 마치 무스 케이크나 수제 초콜릿처럼 입안에서 사르륵 녹았다. 지금까지 국내에서는 먹어보지 못했던 맛이었다. 지금도 한 상자씩 사다 놓고 몰래 숨겨 놓고 차와 함께 먹는다.

각양각색의 만주

이곳의 여러 만주 중에서도 백 앙금 속에 수줍게 숨어 있는 밤과 촉촉한 만주 피가 잘 어울리는 밤 만주, 너무 부드러워 녹아 버릴 것 같은 앙금의 카스텔라 만주, 크루아상처럼 바삭한 만주 피와 통팥 앙금이 잘 어울리는 파이만주 등 세 가지

만주를 가장 좋아한다. 재료의 특성이 살아 있는 초코앙금, 부드러운 노른자의 유자앙금, 담백한 백앙금, 오리지널의 팥앙금, 통팥이 씹히는 통팥앙금도 모두 우열을 가리기 힘들 정도로 좋다. 또한, 장복용 대표가 딸의 추천으로 만든 크림치즈만주와 고구마앙금도 젊은 손님의 입맛도 사로잡고 있다.

장복용 대표의 만주와 화과자에는 화려한 모양의 토핑이나 꽃은 올라가지 않는다. 앙금과 만주 피로만 구성된 단순한 모양과 맛이다. '보기 좋은 떡이 먹기도 좋다'는 말이 여기에서는 통하지 않는다. 모양보다는 본연의 맛을 강조한다.

그렇다면 어떤 만주가 맛있는 것일까? 앙금과 만주 피가 수분을 머금어 비슷하게 촉촉해지는 시기의 만주가 가장 맛있다고 한다. 바로 구운 만주보다는 하루나 이틀 정도 지난 만주의 맛이 가장 좋다고 한다. 또한, 만주를 만들 때 앙금을 균일

한 두께의 만주 피로 싸야 한다. 한쪽으로 앙금이 쏠리면 한쪽만 익고, 너무 두껍게 싸면 앙금의 수분이 다 날아 가 맛없는 만주가 된다. 잘못 만들면 한쪽으로 앙금이 쏠리는 경우도 있다. 만주는 생각만큼 만들기 쉬운 과자는 아니다. 맛을 결정하는 또 한 가지는 바로 냉동 보관이다. 일반 냉동고에 보관하면 음료수 얼릴 때처럼 물이 분리되는 현상이 생겨 만주나 빵도 맛이 변한다. 그래서 적은 양을 여러 번 사서 그때그때 먹는 것이 가장 좋다.

두 개 이상 먹을 수 없다는 걱정은 어느새 잊고 찹쌀떡까지 거뜬하게 네 개나 먹어 치웠다. 그런 모습을 본 장복용 대표가 흐뭇해 하며 만주에 관한 여러 이야기를 들려 주었다. 처음 빵을 만들게 된 이야기부터 시작해서 빵과 만주에 관한 이야기로만 장장 네 시간이나 대화를 나누었다. 현재 장복용 과자공방의 만주는 인터넷 쇼핑몰과 분당 AK 플라자에서 판매하고 있다.

계속되는 만주 피 연구

"내가 만주 피 터지는 걸 계속 연구했어. 똑같은 조건에서 하나씩 바꾸면서 말이지. 만주 피 하나에 100가지 경우의 수를 생각한 것 같아. 그런데 오늘 아침부터는 한 개도 안 터지는 거야, 이 녀석 참 재밌어."

"팥을 끓이다가 팥이 튀면 바로 3도 화상이야. 팔에 있는 동그란 점이 모두 팥이 튄 자국이지."

"원래 예전에는 우리나라도 만주나 화과자 만드는 기술이 괜찮았어. 그런데 팥이라는 게 끓이기도 힘들고 돈이 안 돼. 크기도 작으니까 안 팔리고, 안 팔리니까 편하게 만들고 싶어서 양산된 앙금을 쓰면서 크기만 커지고, 악순환이 반복되는 거지. 이제 나이가 든 만큼 나는 만주와 화과자의 제대로 된 기술자가 되고 싶어."

맛있는 빵과 화과자에 대한 확고한 생각이 엿보이는 장복용 대표의 말씀이다. 만주와 화과자는 결코 편하게 만들 수 없는 과자다. 팔의 팥알이 튄 화상 자국은 그에게는 나무의 나이테 같은 존재다. 세월이 지나면서 모양과 재료가 변하고 맛의 매력이 옅어졌지만, 화과자는 맛있는 과자다.

장복용 과자공방
주소: 경기도 성남시 중원구 상대원1동 133-1번지
　　　금강하이테크밸리 611호
전화번호: 031-777-5678
홈페이지: www.jbygongbang.com

제나나 잼 (Zenana Jam), 최채요 대표

20 가지 이상의 제철 재료
유기농 수제 잼

ZENANA JAM

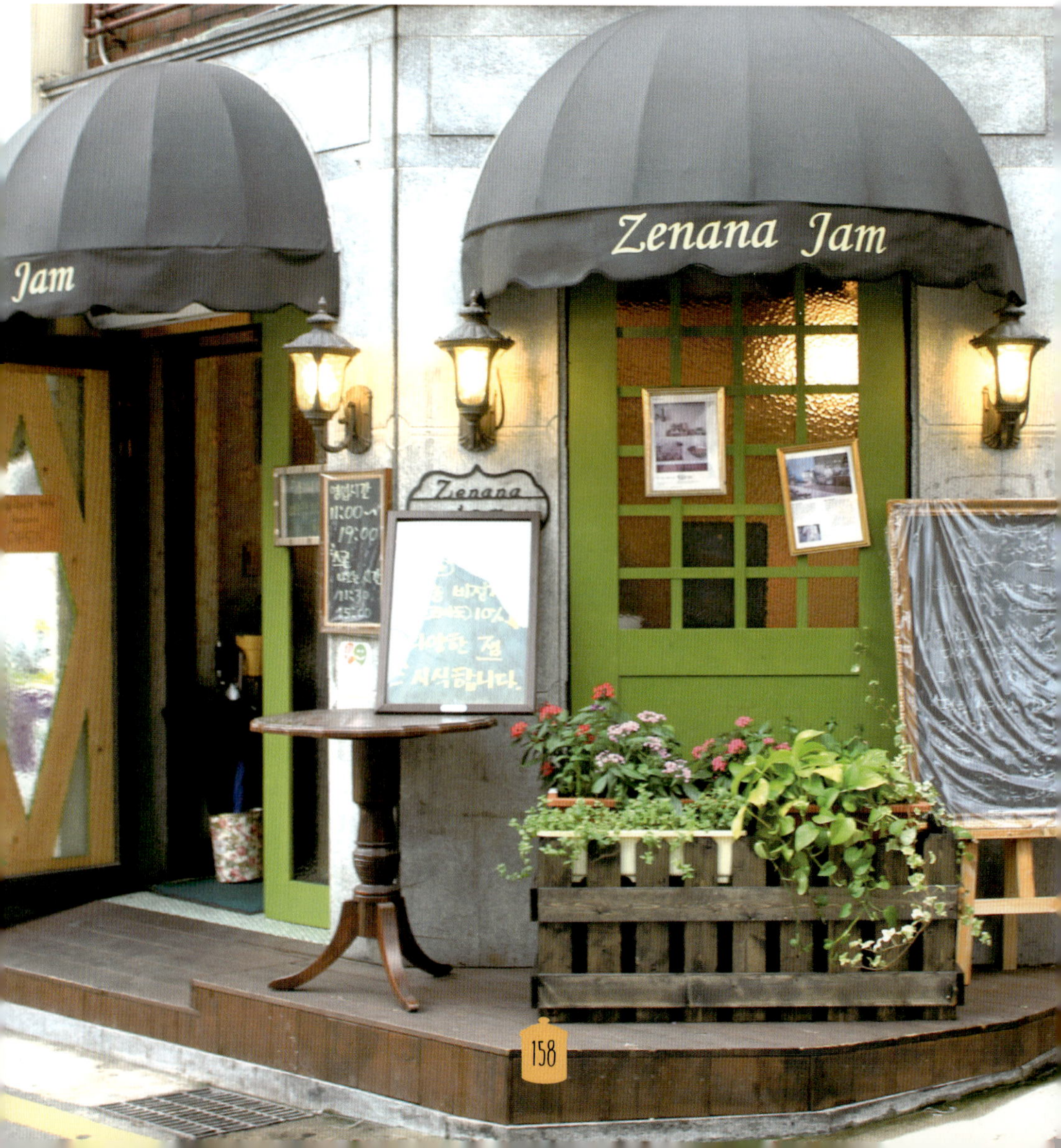

평범한 잼에 질렸다면
새콤달콤한 레몬커드와
홍차와 우유가 만난 홍차우유 잼을

빵의 친구 '잼'

빵의 친구는 무엇일까? 커피? 홍차? 버터? 아마 제일 먼저 생각나는 것은 '잼'일 것이다. 갓 구운 빵에 잼을 쓱쓱 발라먹으면 어떠한 형용사도 필요 없다. 오로지 딱 세 글자만 생각난다. "맛있다!" 그래서일까. 동네 빵집이 생기면서 빵집에서도 직접 잼을 만들어 판매하고 있지만, 다양성이나 관리 부분에서 한계가 느껴진다. 요즘은 수제 잼 전문점이 생기고 있다. 물론 그중에서도 선봉장은 제나나라고 할 수 있다. 단순히 제일 먼저 생겨서가 아니라 맛과 주인의 소신을 생각하면 당연하다.

연희동의 한적한 주택가 골목을 달콤한 냄새가 가득 채우고 있다. 밖에서 보면 커피를 파는 곳인 것 같기도 하고, 당최 정체를 알 수 없다. 통유리로 된 창을 통해 안을 들여다볼 수 있어 지나는 사람들이 그냥 지나치는 법이 없다. 문을 살짝 열어 보기도 하고, 유리창에 얼굴을 바짝 붙이고 안의 움직임을 관찰하기도 한다. 추운 날에는 온도차로 뽀얗게 김이 서려 더욱 궁금하다. 현재는 연희동에서 누상동으로 이전했다.
"여기 뭐 하는 곳인가요? 커피 팔아요? 혹시 과일 팔아요?"
아마도 잼을 끓이기 위해 준비해 놓은 과일을 보고 이런 질문을 하는 것 같다. 뜨거운 불 위의 냄비 속을 국자로 휘젓다 보면 한겨울에도 이마에는 땀방울이 송골송골 맺혀 등줄기를 타고 주르륵 흘러내린다. 몇 시간을 끓여 졸인 잼을 소독한 병에 국자로 담아 압축한 후, 손 글씨로 쓴 이름표를 붙여 매장에 진열한다. 최채요 대표는 그때야 한숨을 돌리고 물 한잔을 마신다. 그녀는 일일이 모두 손으로 직접 작업한다. 기계의 힘을 빌릴 때는 땀을 식혀 주는 에어컨을 켤 때뿐이다.

여자들의 사랑방

매장의 긴 테이블에 앉아 주방을 바라보며 잼을 끓이는 최채요 대표와 이야기를 나누니 시간 가는 줄도 모른다. 외국 잡지에 나오는 것처럼 아기자기하게 꾸미는 것을 좋아하는 여자라면 누구나 좋아할 법한 아일랜드 주방이다. 그녀는 잼을 다 끓이면 앉아서 손님과 이야기를 나누기도 하고 취미인 뜨개질도 하고, 책을 보기도 한다. 왠지 친구 집에 놀러 와 수다를 떠는 기분이다. 남녀커플보다는 혼자 오는 여성, 모녀 사이, 친구끼리 오는 사람이 많다. 가게 이름인 '제나나'의 뜻도 '여자의 방'이다. 친구들끼리 차 한잔 마시며 수다를 떠는 분위기라 처음 만난 손님들도 어색하지 않게 이야기를 주고받을 수 있다. 그래서 혼자 오는 것이 전혀 어색하지 않은 공간이다.

최채요 대표는 원래 제빵사였다. 나만의 개성을 가진 작은 빵집을 운영하고 싶었지만, 동네 빵집도 포화 상태라 경쟁이 너무 심하다고 판단했다. 그런 그녀의 선택은 '유기농 재료로 만드는 수제 잼'이었다. 전문적으로 잼 만드는 방법을 알려 주는 교육기관이 없어서 배울 수는 없었다. 그저 직접 요리를 하고 빵을 만들었던 경험을 토대로 제철 과일, 채소, 견과류 등으로 재료의 한계가 없는 건강한 수제 잼을 만들고 있다.

잼의 재료나 레시피에 특별한 것은 없다. 유기농 제철 재료와 비정제 설탕 10% 이외에는 방부제나 첨가제는 전혀 들어가지 않는다. 유통기한도 자연스레 짧아

져 잼 병을 열고 보관할 때는 냉장에서 보관하고 한 달 이내에 먹어야 하며 꼭 덜어 먹어야 한다. 이유는 침이 닿으면 더 빨리 상하기 때문이다. 잼 병을 열기 전까지는 대략 한 달 정도는 상온 보관이 가능하다.

제나나의 잼이 설탕이 적게 들어가도 당도를 유지하는 것은 오래 끓여 재료 본연의 당도를 끌어내기 때문이라고 한다. 수분이 많은 재료는 한 번 끓이기 시작하면 5~6시간 동안 계속 저으면서 자리를 지켜야 하니 하루에 두 종류 정도밖에 만들지 못한다고 한다.

제철 과일과 채소로 만드는 잼

잼의 종류는 유기농 제철 과일과 채소 등을 사용하므로 계절마다 다르다. 그래서 시중에는 흔한 딸기잼을 제나나에서는 봄에만 판매한다. 물론 사계절 나오는 잼도 있다. 캐러멜 견과류, 오렌지 마멀레이드, 레몬커드는 계절에 상관없이 항상 판매한다. 잼과 함께 먹기 좋은 통밀 스콘을 제빵사 경력을 살려 매일 아침마다 구워 판매한다. 고소한 통밀 스콘의 약간 짭조름한 맛이 잼의 달콤한 맛과 만나면 더욱 맛있어진다. 인기 브랜드인 마리아쥬 프

레르 홍차도 다양하게 준비되어 있으니 스콘과 함께 즐기자.

많은 사람이 '잼은 빵과 함께 즐기는 것'이라고 생각하지만, 외국에서는 플레인 요구르트와 섞어 먹거나 페스토처럼 샌드위치에 발라먹기도 한다. 또 와인이나 차에 넣어 먹기도 한다. 제나나에는 당근파인애플잼, 완두콩잼, 양파잼, 마늘잼, 수박잼, 토마토잼 등도 있어 채소를 싫어하는 아이들과 양파와 마늘을 잘 못 먹는 사람에게 좋다. 샌드위치에 양파잼을 바르면 치즈나 햄의 느끼함을 잡아 주며, 완두콩잼은 풋풋한 콩과 작은 입자들이 느껴진다. 당근파인애플잼은 파인애플 덕분에 당근의 텁텁함이 전혀 느껴지지 않는다. 과일이 씹히는 독특한 수박잼은 여름에만 볼 수 있으니 미리 문의하는 편이 좋다. 제나나에서 가장 인기 있는 잼은 레몬커드와 홍차우유다. 생각만 해도 입에 침이 고이는 새콤달콤한 레몬커드는 여자에게, 홍차와 우유가 만나 진한 맛을 내는 홍차우유는 남자에게 인기가 많아 기념일이면 이 두 가지는 항상 품절이다.

제나나에 앉아 최채요 대표와 대화를 나누며 잼을 만드는 시간이 오래 걸릴수록 유통기한은 짧아지고, 정성을 들여야 건강에 좋은 잼을 만들 수 있다는 이야기를 들었다.
"저는 아직 제가 장인이라고 생각하지 않아요. 제가 10년 이상 잼을 만든 것도 아니고, 장인이라고 부르시면 어색해요. 적어도 강산이 몇 번은 바뀌어야 그런 호칭을 겸허하게 받아들일 수 있을 것 같아요. 그렇게 될 때까지 몇 병의 잼을 만들어야 할까요? 저는 아직 멀었어요. 하지만 앞으로도 더 열심히 만들 거예요."
작은 키의 그녀지만 당차고 참 예쁘다. 잼에 관해서는 누구에게도 지지 않을 동 냄비처럼 뜨거운 열정으로 오늘도 내일도 그녀는 잼을 만든다.

제나나
주소: 서울 종로구 누상동 55
전화번호: 02-6323-1982
휴무: 월요일
홈페이지(블로그): blog.naver.com/zenana_jam

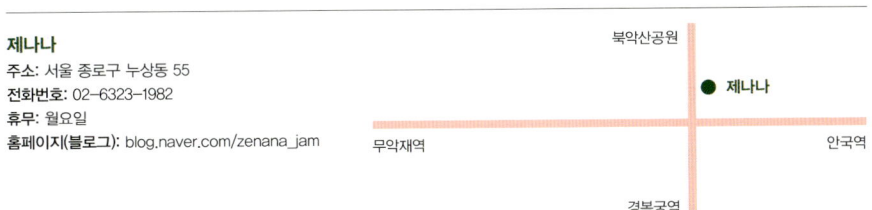

카카오 봄(CACAO BOOM), 고영주 쇼콜라티에

한국 1세대 쇼콜라티에,
벨기에 정통 수제 초콜릿

CACAO BOOM

모르는 사람에게도 선뜻 빵 선물을

"제가 오늘 부산에서 올라가는데 혹시 궁금했던 빵 있으면 알려 주세요. 가능하면 사 올게요."

"진짜요? 그런데 초면인 것 같은데요?"

"사실 정은진 씨를 잘 몰라요. 다만 빵에 대해 열정이 느껴져서 저도 빵을 좋아하니 왠지 친근감이 느껴져서요. 부담 느끼지 마세요. 그럼 홍대 카카오 봄에서 봐요."

한창 회사에서 일하고 있던 중 SNS의 알림 메시지가 떴다. 이것이 고영주 쇼콜라티에와의 첫 대화였다. 부산에서 빵을 사다 준다니, 그것도 초면인데 수상한 사람은 아닐까 하는 생각에 거절하고 싶었다. 만일 그때 거절했다면 나는 초콜릿과 그녀의 매력을 알지 못했을 것이다.

초콜릿 나무 '카카오 봄'

달콤한 만남을 기대하면서 도착한 카카오 봄, 이름처럼 초콜릿 전문 매장이었다. 초콜릿색 간판 위에 간결하게 적힌 카카오 봄과 리얼 초콜릿이라는 문구처럼 진짜 초콜릿을 파는 곳이다. 사실 나는 초콜릿을 싫어한다. 단 것을 안 좋아하기 때문이다. 그래서 카카오 봄의 초대에 긴장했다.

가게 안으로 들어서자 벽에는 카카오 봄의 뜻이 적혀 있다. 벨기에어로 초콜릿 나무를 뜻하며 인공 색소, 방부제, 첨가제를 전혀 넣지 않은 100% 카카오 버터만을 사용한 진짜 초콜릿을 만드는 곳이라고 한다. 카카오 빈을 발효하고, 건조한 후 덖고, 분쇄한 후 초콜릿 닙스 상태인 것을 다시 분쇄하면 초콜릿 원액이 된다. 원액은 카카오 매스, 카카오 버터로 나눌 수 있다. 카카오 매스는 초콜릿의 색, 맛, 향을 내는 성분이고 카카오 버터는 질감, 녹고 굳는 정도, 광택을 내는 역할을 한다. 다크, 밀크, 화이트 등의 다양한 초콜릿은 이러한 성분을 이용하여 만든다. 좋은 초콜릿은 근본적으로는 카카오 버터를 사용했는지 다른 유지를 사용했는지에 따라 결정된다고 하니 100% 카카오 버터의 중요성을 강조할 만하다. 한 걸음 더 들어가면 진열대 가득 매혹적이고 달콤한 초콜릿이 각양각색으로 진열되어 있다.

100% 카카오 버터로 만드는
리얼 초콜릿

한국 1세대 쇼콜라티에

열심히 사진을 찍으면서 매장 구경에 심취해 있을 때, 천천히 걸어 나오는 짧은 머리의 여성이 보였다. 그녀가 바로 한국 1세대 쇼콜라티에인 고영주 쇼콜라티에였다. 마침 부산에 출장을 다녀오다 빵을 좋아하는 사람이 매우 궁금해 모르는 사람이지만 말을 걸어보았다고 웃으며 이야기한다. 부산 빵을 한 봉지 먼저 받고 나도 준비한 빵을 내밀었다. 차 한잔을 하면서 서로에게 궁금한 점을 물어보았다. 그녀는 나에게 '왜 빵을 좋아하는지', 나는 그녀에게 '어떻게 초콜릿을 시작했는지' 서로 질문을 주고받았다.

고영주 쇼콜라티에는 초콜릿 왕국인 벨기에에서 거주하면서 초콜릿의 다양한 맛과 아름다움에 매료되어 본격적으로 공부를 시작했다고 한다. 첫 수업 때 능숙한 학생들 사이에서 주눅이 들었던 기억이나 토라져 버린 여자아이처럼 얄밉게 느껴지던 초콜릿의 매력에 인생을 걸었다고 한다. 그녀는 벨기에처럼 일상생활에서도 초콜릿을 즐기는 문화를 만들고 싶다고 한다. 그러한 노력 때문인지 최근에는 많은 수제 초콜릿 가게가 생겼고 카카오 봄도 삼청동에 2호점을 열었다. 그녀의 초콜릿 이야기에 어느덧 해가 저물고 있었다. 헤어지기 전 그녀가 골라 준 초콜릿을 들고 집으로 돌아왔다.

실키봄, 후레쉬 트뤼플, 녹차 트뤼플, 38%, 72% 등 총 다섯 가지 맛의 초콜릿을 선물로 받았다. 카카오 매스의 함량에 따라 조금 더 쌉쌀하기도 하고 입에서 부드럽게 녹기도 하는 것이 기존에 입에서 겉돌던 초콜릿과는 확실히 달랐다. 검은

콩, 카카오 빈의 진짜 매력을 알게 된 날이었다.

　카카오 봄을 방문할 때마다 다른 초콜릿도 맛보기 시작했다. 달콤한 초콜릿의 맛을 더 끌어올리는 소금의 짠맛이 좋은 소금 캐러멜, 숫자가 높을수록 단맛이 줄고 쓴맛이 강해지는 72% 다크 가나슈, 부드럽고 고소한 실키봄 등 여러 초콜릿이 있다. 가나슈는 프랑스어로 '바보, 멍청이'라는 뜻으로 수습생의 실수로 탄생한 초콜릿이다. 그의 실수 덕분에 더욱 풍부하고 맛있는 초콜릿을 맛볼 수 있게 되었다.

　그 이외에도 초콜릿을 사용한 브라우니, 쿠키, 빙수, 음료수, 구초를 판매하고 있다. 일반 인스턴트 코코아와 달리 진짜 카카오 파우더를 사용한 진한 초콜릿 음료수는 먹고 나면 잔향이 남지 않고 오히려 깔끔하다. 초콜릿으로 만든 얼음 그라니타 위에 함께 나온 초콜릿 소스를 부어 잘게 썬 아몬드와 밀크 초콜릿을 올리면 카카오빙수를 먹기 위한 준비가 끝난다. 잘 섞어서 한입 먹으면 시원하면서도 달콤하다. 구초는 아주 맛있어서 9초 만에 사라진다는 뜻으로 이름을 붙인 구름 초콜릿이다.

100% 카카오 버터
　한 분야에서의 1세대 또는 처음이라는 타이틀은 뒤따르는 후배를 생각하면 부담이 되기 마련이다. 초콜릿은 사랑하는 사람에게 고백하거나 선물할 때 제일 많이 선택하는 음식 중에 하나다. 그런 초콜릿을 만들면서 느끼는 정신적인 풍요로움이 매우 좋아 이런 부담까지도 즐기는 경지

에 도달했을지도 모르겠다.

　값싼 대용 유지를 사용하지 않고 100% 카카오 버터만 사용하는 카카오 봄은 카카오 봄의 뜻처럼 고영주 쇼콜라티에도 나무 같다. 한 번 뿌리 내리면 절대 흔들리지 않는 나무처럼 신념에 뿌리를 내려 진짜를 만드는 진짜 쇼콜라티에….

카카오 봄 1호점
주소: 서울 마포구 서교동 337-16 민우빌딩 1층
전화번호: 02-3141-4663

카카오 봄 2호점
주소: 서울종로구 팔판동 160 1층
휴무: 1, 2호점 모두 연중 무휴

젤라띠 젤라띠(Gelati Gelati), 윤상준 대표

국내 최초의 이탈리안 젤라토 마스터가 만든 젤라토젤라토

GELATI GELATI

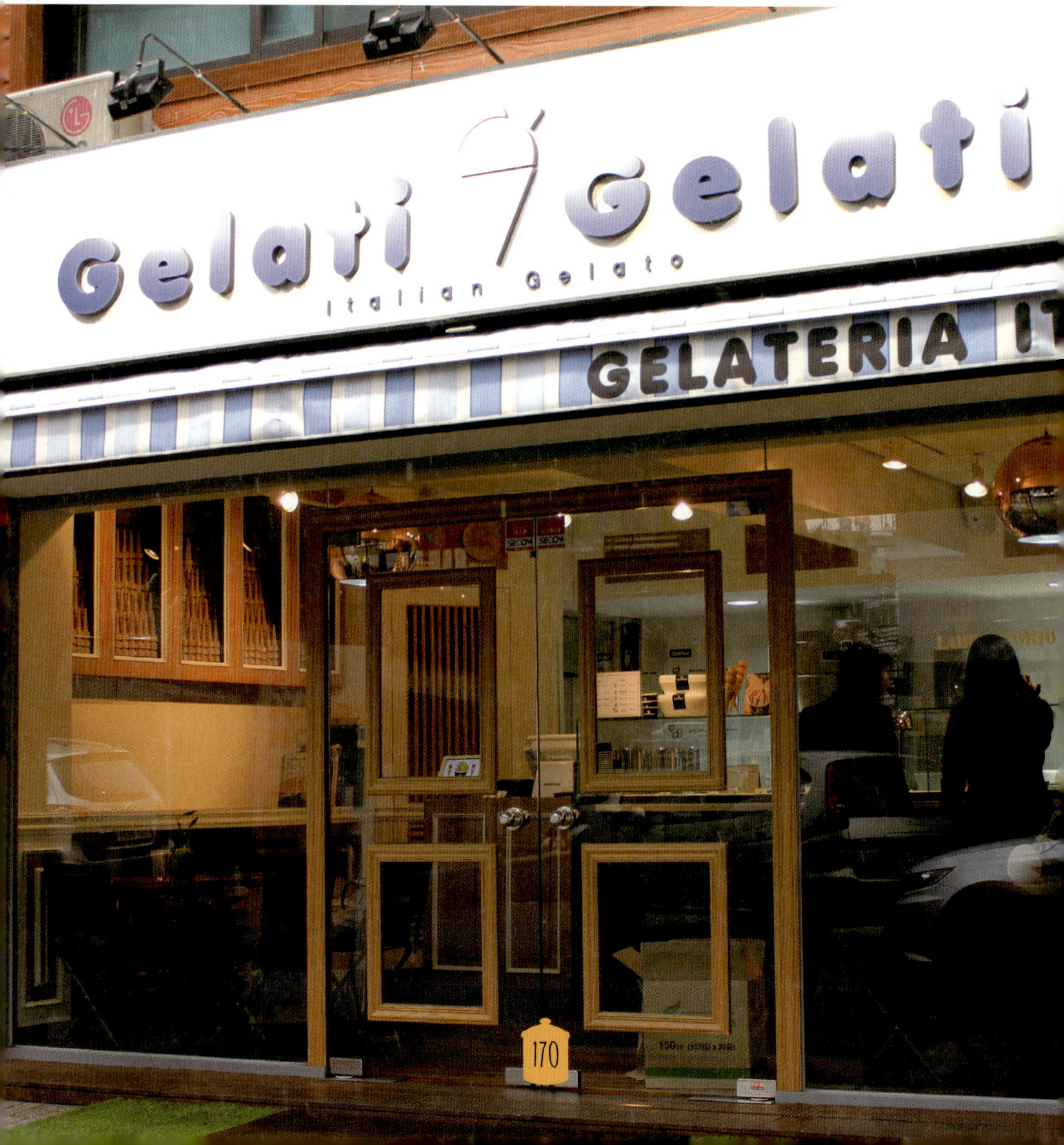

가장 좋은 재료만 사용하여 만드는
젤라토 아이스크림
이천 쌀로 만들어 쌀알이 씹히는 이천 쌀 젤라토

이탈리아 아이스크림 젤라토가 생각난다면

내가 어렸을 적 아버지는 퇴근하실 때 우리 4남매가 좋아하는 아이스크림 빵빠레와 투게더를 한 봉지 가득 사 오셨다. 아빠 손에 들린 아이스크림을 받아들고 일명 '아빠 숟가락'으로 정신없이 퍼먹었다. 학교에서 돌아오는 길에는 한 스쿱 300원, 두 스쿱은 500원에 파는 아이스크림도 있었다. 딸기, 초콜릿, 바닐라 딱 세 가지의 아이스크림은 이제는 고깃집의 디저트로 매장 한쪽에 놓여 있다. 그리고 아이스크림 전문점이 생겨 민트, 체리, 피스타치오 등을 사용한 색다른 맛에 선풍적인 인기를 끌기도 했고 최근에는 아이스크림 위에 벌꿀 칩을 올린 것에 많은 사람이 열광하고 있다.

아이스크림도 각각의 개성을 갖추고 있는 요즘, 상수역 골목에 전통 이탈리아 젤라토를 먹을 수 있는 젤라띠 젤라띠가 생겼다. 밀라노 주립 요리 학교에서 전문적으로 젤라토를 배우고 돌아온 윤상준 대표는 맛있는 젤라토를 대중화하겠다는 의지로 가게를 오픈했다고 한다.

이탈리아 골목에서 젤라토를 판매하면서 외치는 '젤라토 젤라토'를 듣고 그 옛날 '아이스케키'를 외치던 일명 '케키 장수'가 떠올라 이름을 젤라띠 젤라띠로 정했다. 매장 앞에 도착하면 콘에 담긴 젤라토를 형상화한 로고의 간판을 볼 수 있다.

매장문을 열고 들어서면 왼쪽에는 콘을 차곡차곡 쌓아 진열대에 채워 둔 것이 보인다. 그 모습만으로도 멋진 인테리어다. 매장 벽에는 서울과 밀라노의 시간을 보여 주는 시계가 이탈리아에서 온 아이스크림임을 다시 한 번 알려 주는 것 같다. 스테인리스로 된 아이스크림 보관 통과 냉장고도 깨끗하게 정돈되어 있다. 아이스크림은 종류가 너무 많아 어떤 맛을 먹을지 결정하기 어렵다. 다 먹고 싶으니 계속 와서 하나씩 먹어보는 방법밖에 없다.

맛있는 아이스크림의 비결은 온도

젤라띠 젤라띠에서는 20여 가지의 다양한 젤라토를 판매하고 있다. 무항생제 방사 유정란, 단일목장 유기농 우유, 유기농 꿀, 산지 직송의 제철 과일을 사용하여 아이스크림을 만든다. 좋은 재료가 기본이라는 생각으로 앞으로도 더 좋은 재료를 사용하고 싶다는 윤상준 대표가 믿음직스럽다. 젤라토는 일반적인 아이스크림에 비해 공기 함량이 적어 밀도가 높아 진하고 쫀쫀하다. 얼음 결정이 느껴지지 않아 부드러우며 재료의 맛이 그대로 느껴진다.

재료뿐만 아니라 철저한 온도 관리도 맛을 결정하는 중요한 요소다. 입에 넣는 순간 녹으며 퍼지는 풍미를 결정하기 때문이다. 그날에 판매할 양만 만들기 때문에 인기 있는 젤라토는 금세 매진되니 먹고 싶은 젤라토가 있다면 서둘러 가는 것이 좋다. 물론 유제품이 들어가지 않은 과일 셔벗도 있어 채식주의자나 유제품에 알레르기가 있는 사람도 부담 없이 즐길 수 있다. 과일 셔벗은 여름에 더욱 인기가 많다. 보통 두 가지 맛을 고를 수 있어 대부분 셔벗과 젤라토를 한 가지씩 고른다.

나는 포도 셔벗과 인기가 많다는 이천 쌀 젤라토를 골랐다. 이천 쌀 젤라토는 바

닐라 맛으로 쌀알이 씹히는 것이 독특하다. 밥처럼 완전히 익은 것도 아니고 생쌀도 아닌 것이 쌀 특유의 고소함이 느껴져 달지도 않고 딱 좋다. 포도 셔벗은 포도를 그대로 응축해 놓은 것 같다. 천연의 향과 맛이 나서 먹고 난 후에도 갈증이 느껴지지 않으니 여름에 먹기 딱 좋다. 자몽과 레모네이드 안에 젤라토를 동동 띄워 주는 음료수와 밀크 젤라토 위에 에스프레소와 견과류를 부어 주는 아포가토도 별미다. 깔끔한 맛의 젤라토와 고소한 견과류, 그리고 에스프레소의 맛이 조화롭게 어울려 맛있다.

당일 생산, 당일 판매

소프트아이스크림, 아이스바, 액체 질소를 부어 얼리는 아이스크림까지 다양한 콘셉트의 아이스크림 가게가 생기고 없어지기를 반복하고 있다. 그중에서도 누구나 선뜻 선택하는 것은 좋은 재료로 제대로 만드는 아이스크림일 것이다. 이제는 아이스크림도 당일 생산하여 판매하는 시대가 왔다.

젤라띠 젤라띠
주소: 서울 마포구 서교동 407-8
전화번호: 02-3144-3281
휴무: 월요일

평범함 속에서 발견한

새로운 빵

28. 담장옆에 국화꽃, 오경숙 명장

29. 안스베이커리(An's Bakery), 안창현 명장

30. 차차베이커리(ChaCha Bakery), 임성철 셰프

31. 브로테나인(brot9), 이주화 셰프

32. 깜빠니오(companio), 어규석 셰프

33. 오월의 아침, 김상중 셰프

34. 궁전제과(GungJeon Bakery), 윤재선 대표(윤준호 실장)

35. 배리스키친(Baely's kitchen), 배준영 셰프

36. 빵짓는 농부, 이종기셰프

28 담장옆에 국화꽃, 오경숙 명장

바삭한 대추 칩의 화룡정점!
밤대추 팥빙수와 명장이 만드는 떡

좋은 팥으로 직접 끓여 만드는
팥빙수와 단팥죽

여름에는 팥빙수, 겨울에는 단팥죽

봄이 오는 2월의 문턱은 아직 쌀쌀하다. 서래마을에서 이어지는 몽마르트르 언덕을 잘못 들어선 탓에 주변 지역을 크게 한 바퀴 돈 후 갈증을 느껴 느닷없이 팥빙수가 생각나 담장옆에 국화꽃을 찾아갔다. 도착하기 전까지도 팥빙수와 단팥죽 사이에서 고민했다. 추운 날씨라 따뜻한 단팥죽이 먹고 싶기도 했지만, 겨울에 먹는 차가운 음식의 짜릿한 맛이 생각나 팥빙수로 메뉴를 결정했다. 팥빙수의 얼음이 매우 시원해 머리가 찡해질 때쯤 달콤한 팥이 차가운 속을 달래준다. 그리고 쫄깃한 떡으로 마무리하면 배도 부르다.

고속버스터미널에서 천천히 걸어서 서래마을 입구에 위치한 매장에 도착했다. 정감 가는 간판과 깔끔한 회색의 매장에서는 아늑함과 여유가 느껴진다. 시집의 한 구절이 생각나는 분위기다. 이곳은 바로 '담장옆에 국화꽃'이다. 카페 이름치고는 긴 이름이 마치 꽃집이나 서점 같은 이름이다. '신이 가장 마지막에 창조한 완벽한 꽃'이라는 뜻을 가진 국화꽃에서 영감을 받아 붙인 이름이라고 한다. 2006년 한국의 전통 디저트와 커피를 함께 판매하는 '캐주얼 떡 카페'로 탄생한 곳으로 손님에게 완벽한 한 그릇을 대접하려는 주인의 마음이 느껴진다.

떡이라고 하면 방앗간의 뜨거운 김과 쌀을 빻는 기계, 그 기계에서 길게 뽑혀 나오는 가래떡 등이 생각난다. 바로 나온 가래떡을 찬물에 씻어 그 자리에서 잘라 설탕에 찍어 먹던 기억이 난다. '담장옆에 국화꽃'의 진열대 위에 놓인 여러 가지 강정과 떡은 케이크나 과자 못지않게 예쁘다. 튀지 않는 정갈한 색과 토속적인 재료를 사용한 떡이 먹기에도 편하게 하나씩 포장되어 있다.

석탄병, 개성주악 등의 개성 만점의 떡

진열대의 떡을 자세히 살펴보면 일반 떡집에서 볼 수 없는 고급 떡도 있다. 석탄병(惜呑餠)은 맛이 좋아 삼키기 아깝다는 뜻이 있다. 곶감 가루, 계피 가루, 편강 가루가 들어가 깊고 진한 맛을 느낄 수 있다. 찹쌀, 쑥, 견과류, 사과 등을 넣어 오븐에 구워 만든 구움

찰떡인 개성주악은 햅쌀이 나올 때 많이 만들어 먹던 떡으로 황해북도 개성 시에서 즐겨 먹었으며 '개성우메기'라고도 부른다. 기름에 튀기지 않아 담백한 구움 약과와 오븐에 구워 바삭하고 고소한 오곡강정도 있다. 달콤한 발로나 초콜릿으로 구워 만든 초코브라우니 찰떡은 떡이 낯선 외국인에게도 쉽게 다가갈 수 있게 만들었다. 가장 인기 있는 메뉴는 사색 인절미 구이로 눈으로는 네 가지 색을 즐기고, 입으로는 쫄깃하고 고소한 맛을 즐길 수 있다. 이외에도 강정 세트, 떡 세트, 수제차 등도 판매한다. 케이크를 싫어하는 사람을 위한 떡 케이크도 있다.

전라남도에서 직접 가져온 팥

한국의 떡과 어울리는 음료수에는 전통 차, 식혜나 수정과가 있다. 담장옆에 국화꽃은 캐주얼 떡 카페인만큼 직접 내려 주는 핸드드립 커피나 더치커피도 즐길 수 있다. 떡과 커피를 즐길 수 있는 카페지만, 이곳의 진하고 달콤한 팥빙수와

찹쌀로 빚은 새알심을 넣은 크림처럼 부드러운 단팥죽도 손님의 발길을 끈다. 전라남도까지 직접 가서 공수해 온 좋은 팥을 직접 끓여 사용한다고 하니 좋은 재료와 정성이 들어가는 음식은 맛있을 수밖에 없다.

빙수는 총 여섯 가지로 밤대추 팥빙수, 단호박 팥빙수, 딸기 팥빙수, 커피 팥빙수, 녹차 팥빙수, 수정과 빙수가 있다. 대표 메뉴인 밤대추 팥빙수와 한라봉 경단을 주문했다. 밤대추 팥빙수에는 차가운 얼음 위에 설탕에 절인 밤, 콩가루 인절미, 동결 건조한 바삭하고 달콤한 대추 칩을 고명으로 먹음직스럽게 올렸다. 알알이 씹히는 너무 달지 않은 팥과 고소한 밤, 쫄깃한 떡이 서로 잘 어울린다. 그리고 대추 칩이 맛을 완성한다. 바삭하고 달콤한 대추의 맛에서 고급스러움까지 느껴진다. 한라봉과 귤을 넣어 상큼한 경단은 먹으면 속이 든든하다. 비록 팥빙수와 떡이지만 한 끼로도 충분하다.

24절기 중에 22번째인 동지에 먹는 겨울의 별미 단팥죽도 대표 메뉴이다. 단팥죽, 고구마 단팥죽, 무당 단팥죽, 단호박 단팥죽 등의 네 가지 단팥죽을 판매한다. 단팥죽은 팥을 두 번 내려 곱고 진하며 안에는 찹쌀 새알심이 들어 있다. 단호박이나 고구마를 넣은 단팥죽은 단팥죽에 익숙하지 않은 어린아이들의 입맛에도 알맞다. 무당 단팥죽은 당이 들어가지 않아 달지 않으므로 구운 인절미와 잘 어울린다.

추억의 맛, 단팥

어린 시절 어머니는 동지마다 단팥죽을 만들어 주셨다. 새알심을 동그랗게 만드는 작업은 언니들과 나의 몫이었다. 누가 더 예쁘게 만드는지 내기하면서 하나씩 더 먹겠다고 싸우기도 했다. 여름에는 팥빙수 기계로 얼음을 갈아 집에 있는 과일과 팥을 넣어 팥빙수를 만들어 먹었다. 4남매의 팥빙수는 화려하지는 않지만 지금 생각해도 정말 맛있었다. 최근 들어 팥을 사용한 빵이나 빙수, 죽이 주목받고 있는 이유는 누구나가 어린 시절 단팥을 먹었던 추억이 있기 때문일 것이다. 해외 디저트보다는 우리의 디저트에도 눈을 돌려보는 것은 어떨까?

제대로 만든 팥빙수, 단팥죽, 명장이 만드는 떡을 느끼고 싶다면 언제든지 담장옆에 국화꽃으로 가자. 1인용 메뉴도 있어 혼자 가도 괜찮으니 혼자라고 두려워하지 말자!

담장옆에 국화꽃 1호점
주소: 서울 서초구 반포동 92-3번지 1층
전화번호: 02-517-1157

담장옆에 국화꽃 2호점
주소: 서울 한남동 743-8 1층
전화번호: 02-797-1157
휴무: 명절 당일, 창립기념일(11월 셋째 주 월요일)
홈페이지: www.damkkot.com

안스베이커리(An's Bakery), 안창현 명장

한국 스타일의 빵, 대한민국 명장의 힘
AN'S BAKERY

페이스트리 사이사이에 숨은 검은 깨
고르곤졸라 검정깨빵

대한민국 제과 명장

안스베이커리의 안창현 명장은 30년 넘게 빵을 만든 그의 노력을 인정받아 2009년 대한민국 7대 제과 명장이 되었다. 현재 한국에는 10명의 제과 명장이 있다. 명장이라는 이름은 장인정신이 투철하고 최고 수준의 기능을 가진 사람 중에서도 국내·외 제과 제빵 관련 대회의 심사위원을 역임하거나 다수의 표창을 받은 이력이 있는 사람만 받을 수 있는 칭호다. 안창현 명장은 제과 명장으로 선정된 그 날을 생각하면 아직도 가슴이 벅차다고 한다. 대부분 빵집이 여러 개의 지점이 생기면 오너 셰프는 주방에서 머무는 시간이 줄어든다. 하지만 끝까지 주방을 지키고 싶어 하는 안창현 명장은 많은 사람의 본보기이기도 하다. 이런 안스베이커리의 시작이 궁금하다.

25여 년 전 현재 본점인 구월동에서 자본금 3,000만 원으로 빵집을 시작했다고 한다. 초기에는 잠자는 시간을 뺀 나머지 시간은 모두 주방에서 보냈다. 일이 고되 지칠 법도 했지만, 옆에 좋은 동반자이자 인생의 선배인 친형님이 있어서 견딜 수 있었다. 나이 차가 많이 나는 형님이라 항상 어렵고 때로는 혼나기도 했다. 그래서 주방에서만큼은 형님에게 빵 만드는 법을 가르쳐 주면서 선배 입장이 되어 호되게 꾸짖기도 하며 형님과 상황이 역전되기도 했다. 형님과 번갈아 주방과 매장을 돌보며 인천 대표 빵집을 넘어 우리나라를 대표하는 빵집을 만들고 싶은 꿈을 품었다. 형제가 동업하면 간혹 사이가 틀어져 헤어지는 경우를 보면서 안스베이커리는 주방과 경영을 완전히 분리했다. 안창현 명장은 '빵에만 신경 쓰면 된다'는 신념으로 기본에 충실하면서 소비자가 원하는 빵을 연구했고 공무원 출신인 형님은 경영과 운영을 맡았으니 각각의 장점을 살린 선택이었다.

__치아바타

3,000만 원으로 시작해 6층 건물로

"연수동에 작게 사옥 지점을 오픈했는데, 한 번 놀러 오세요."

그렇게 안스베이커리는 형제의 꿈을 모아 2013년 연수구 청학동 486-5번지에 6층 건물의 사옥을 오픈했다. 사옥 앞에 도착해서 보니 아주 큰 건물이었다. 6층짜리 건물의 1, 2층은 빵집 겸 브런치를 판매하는 카페, 3~4층은 주방, 5층은 사무실, 6층은 직원 휴게실로 각 층을 특성 있게 꾸몄다.

매장 안으로 들어가자 계산을 하기 위해 기다리는 손님의 줄이 늘어서 있었다. 인천의 맛있는 빵집이라는 소문에 어울리는 광경이었다. 나도 무슨 빵을 먹을지 골라보았다.

종합선물 같은 안스베이커리

단과자 빵, 조리 빵뿐만 아니라 천연 발효종 빵, 케이크, 구움과자까지 베이커리의 종합선물처럼 갖가지 빵을 갖추고 있고 빵 종류에 따라 진열대가 나누어져 있다. 천연 발효종 빵도 여러 가지 있다. 안스베이커리의 천연 발효종 빵은 시큼한 맛을 싫어하는 사람을 위해 시큼한 맛과 향을 줄이고 폭신하고 부드럽게 만들었다. 케이크 쇼 케이스에는 생크림, 티라미스, 초콜릿 시폰, 치즈 케이크 등 여러 가지 케이크로 가득하다. 가게를 오픈하면서 제일 신경 쓴 부분은 생 롤케이크와 디저트라고 하니 꼭 한번 맛을 봐야겠다.

나는 생 롤케이크, 고르곤졸라 검정깨 빵, 눈꽃치즈빵, 검은깨 치즈효모빵 등 다양하게 골랐다.

 2층에 올라가니 음료수는 물론 피자, 샐러드, 파스타, 브런치 등도 판매하고 있다. 마침 사무실에서 막 내려오신 명장님을 뵐 수 있었다. 좋아하는 무언가를 자랑하고 싶은 아이처럼 눈을 반짝이며 6층의 곳곳을 설명해 주신다. 6층은 직원휴게실 이외에도 비밀 공간이 하나 더 있다. 바로 야외 바비큐장으로 직원들과 고기 파티를 위해 만들었다고 하니 나도 안스베이커리에서 일하고 싶다.

 안창현 명장님과의 첫 만남이 생각났다. 가끔 빵집을 찾아가면 내가 제빵사가 아니라는 이유로 배타적으로 나오는 곳도 종종 있다. 안창현 명장님은 오히려 나를 격려하며 힘내라고 해 주신 분이다. 명장이라면 항상 각진 모자에 날 선 셰프복을 입고 있을 것 같지만, 안창현 명장님은 캐주얼한 차림에 자유분방한 회색 물결 파마의 헤어스타일이 돋보이시는 멋쟁이시다. 첫 만남의 인연으로 '빵생빵사 자선행사'에 빵을 후원해 주셨고, 빵을 다 보내지 못했다며 직접 나가사키 카스텔라 한 판을 들고 오실 정도로 열정이 넘치시는 분이다. 지금도 나에게는 든든한 후원자 같은 분이다.

 "빵을 사랑하고 전도하는 사람이라면 우리 제빵인과 함께 같은 길을 가는 것이나 마찬가지죠. 관심 가져 주셔서 오히려 제가 감사합니다."

'공생'하는 선배와 후배

 요즘은 젊은 제빵사와 오랫동안 빵을 만들어 온 제빵사 사이에 소통이 많이 사라졌다고 한다. 오랫동안의 꿈인 사옥 지점도 완성했으니 이제 안창현 명장님은

_고르곤졸라 검정깨빵

세대 간의 소통을 위해 노력하고 싶다고 한다. 빵을 좋아하는 홈 베이커, 블로거와 생각을 나누고, 현역 제과제빵인이 서로 어울려 편하게 이야기하며 즐기는 시간을 마련하고 싶다고 한다. 그래서 후배 빵집에 가서 기술도 알려 주고 매장 운영 방법도 알려준다고 한다. 문제가 생기면 같이 고민하고 해결책을 찾고 싶다고 한다.

안창현 명장님에게 인생이란 한 마디로 '공생'이다. 30년의 꿈을 모아 사옥 지점을 오픈한 명장님의 공생이라는 꿈은 어떻게 이뤄질지 벌써 궁금하다. 명장님! 그 꿈에 저도 같이 끼워 주세요!

안스베이커리 연수사옥점
주소: 인천 연수구 청학동 486-5
전화번호: 032-525-0045
휴무: 없음(명절 및 임시 휴무는 매장 공지)
홈페이지: www.ansbakery.com

구월본점, 간석점, 광명점, 롯데김포공항점, 롯데영등포점
(각 지점의 주소 및 전화번호는 홈페이지 참고)

차차베이커리(ChaCha Bakery), 임성철 셰프
직접 제분하는 건강한 빵집
CHACHA BAKERY

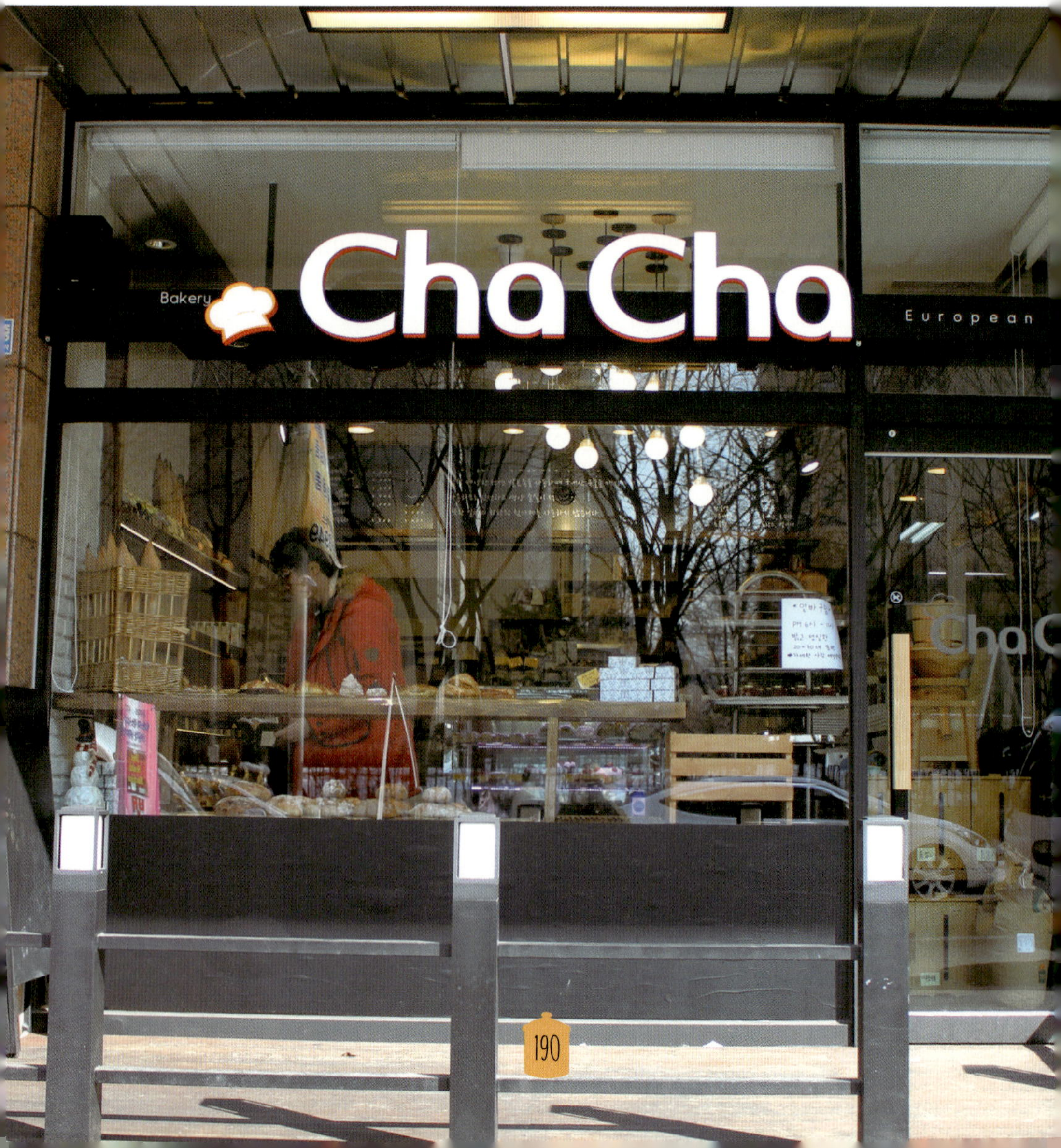

구수한 밤과 새콤한 건포도 그리고 바삭한 크러스트
마롱깜빠뉴

제분기가 있는 빵집

블로그를 하다 보면 다녀간 이웃 목록에서 제빵사라는 것을 알 수 있는 닉네임이나 블로그 이름을 볼 수 있다. 그럴 때마다 그 사람은 어떤 빵을 만들까 하는 궁금증에 나도 블로그를 찾아가게 된다. 2013년 설날 다녀간 이웃 목록 중에서 'chacha네 제분소'가 눈에 들어왔다. 제분소라고 하니 밀을 제분하는 제분소인지 궁금해 바로 블로그를 방문했다. 제분소가 아니라 분당에 위치한 '차차베이커리'라는 이제 막 문을 연 빵집이었다. 건강에 관한 관심이 점점 높아지면서 동네 빵집에서도 유기농 재료를 사용하고, 밀을 직접 제분하여 사용하는 가게가 많아졌는데 차차베이커리도 그런 빵집이다. 빵에 들어가는 여러 가지 곡식을 다양하게 접목한 빵을 만드는 것이 목표라는 포부와 함께 직접 구한 제분기를 소개하고 있다. 궁금한 것이 생기면 바로 찾아가야 하는 성격이라 주소와 전화번호를 메모하고 명절이 끝나기만을 기다렸다.

분당선 수내역에서 내려 육교를 건너 차차베이커리로 갔다. 지금은 수내역 근처에도 빵집이 많이 생겼지만 차차베이커리가 그 동네의 첫 빵집이었다. 매장은 아직 오픈한지 얼마 안 된 티가 나는 작은 매장이었다. 창과 문 너머로 진열된 빵이 보였다. 정면에는 귀여운 폰트로 'ChaCha'라고 적혀 있다. 차차가 무슨 뜻일까? 나중에 셰프에게 물으니 '삼촌'이라는 뜻이라고 한다.
어렸을 때, 최고의 친구 중에 한 명은 '삼촌'이었는데, 항상 재미나게 놀아 주셨다. 삼촌에게 좋은 기억이 있어서 그런지 왠지 편안하고 정감 있는 건강한 빵들이 가득할 것 같다.

매장을 구경하면서 차차베이커리의 빵에 관한 이야기를 들으니 셰프의 생각을 확실히 알 수 있었다. 직접 배양한 천연 발효종을 사용하고, 국내산 곡물을 매장에서 직접 제분해서 사용하므로 영양 손실이 적으며 화학첨가제는 전혀 넣지 않고 빵을 만든다고 한다. 제분기 덕분에 이 모든 것이 가능하다고 한다. 제분기는 독일에서 직접 구매한 것으로 주문 후 한 달이 지나도 오지 않아 사기를 당했다는 생각에 잠을 이루지 못했던 기억도 있다. 그렇게 오랜 기다림 끝에 손에 넣은 제분기는 오븐만큼이나 소중한 보물이다.

  제분기 안에는 맷돌이 들어 있어 곡물을 원하는 크기로 제분할 수 있고 다양한 재료를 넣을 수 있다. 매장에서 사용하는 호밀, 통밀 등은 농부로부터 직접 구매하여 매장에서 직접 갈아 사용한다. 마음 같아서는 밀가루도 제분하고 싶지만, 당일 만드는 빵의 양이 많아 밀가루 제분은 무리라고 한다.

밤 마니아라면 마롱깜빠뉴를

매장 안에는 니은 자 형태의 빵 진열대와 케이크 쇼 케이스가 있고, 음료수도 판매한다. 천천히 빵을 둘러보며 빵을 골랐다. 갓 나온 빵을 골라 쟁반 위에 올려놓으니 빵의 온기가 느껴진다. 마롱깜빠뉴, 100% 호밀 빵, 현미콩콩콩, 앙버터, 까늘레 등을 골랐다.

  밤을 좋아해서 마롱깜빠뉴를 골랐는데 딱 내 취향이다. 노르스름하게 구워 달콤한 밤과 건포도가 들어 있다. 빵 겉으로

살짝 보이는 밤이 오래 구우면 딱딱해질 법도 한데 달콤하고 부드럽다. 통 밤이 그대로 들어 있어 더 마음에 든다. 밤의 구수한 단맛과 건포도의 새콤한 단맛이 잘 어울리고 크러스트는 바삭하면서 속은 촉촉하다. 밤을 좋아한다면 무조건 먹어야 할 빵이다.

100% 호밀빵은 밀도가 높아 떡처럼 쫄깃하다. 칼로 썰면 빵에 살짝 붙는 느낌도 들지만 씹을수록 느껴지는 시큼한 맛이 침샘을 자극한다. 된장찌개나 청국장과 함께 밥 대신 먹으면 더 맛있어 종종 청국장과 함께 먹는다. 차차 베이커리의 앙버터는 겉은 바삭하지만 속은 부드러워 기존의 딱딱한 앙버터를 싫어하던 사람에게 인기가 많다. 현미콩콩콩은 현미, 강낭콩, 메주콩, 완두콩 등 여러 콩배기들과 검은깨가 잘 어울려 고소하면서도 구수해서 현미밥에 콩을 넣어 먹는 맛이다.

나이는 어려도 빵에 대해서는 최강 고수

"안녕하세요! 잘 오셨어요. 커피 한잔

__왼쪽부터 쇼콜라 크랜베리, 누아레장, 마롱 깜빠뉴, 통밀 무화과

하시겠어요?"

    매장에 오면 꼭 아는 척을 하라고 했던 임상철 셰프가 인사를 건네 온다. 삼촌이라는 뜻의 '차차'처럼 나이가 좀 있는 후덕한 삼촌 같은 분을 상상했지만, 인상이 좋은 29살의 아주 젊은 셰프다. 여러 빵집에서 경력을 쌓은 후 자신의 가게를 오픈했다고 한다. 빵에 관해 이야기를 하는 내내 셰프의 눈동자가 빛났다. 주방을 보여 주며 빵을 같은 양으로 잘라 저울에 반죽을 올리니 양이 똑같다. 얼마나 반복적으로 많이 했으면 저렇게 정확할까 하는 생각이 들었다.

    빵을 자르는 것도 오븐에 넣는 것도 마냥 즐거워 보인다. 매번 갈 때마다 웃는 얼굴로 일하고 있다. 요즘 동네에 빵집이 많이 생겨 직접 가본다고 한다. 소풍을 다녀온 것처럼 마냥 즐겁게 이야기하는 모습에서 즐기면서 일을 하면 행복하다는 것을 느꼈다. 빵 반죽을 하면서 웃으면 빵 속의 천연 효모도 왠지 즐거워할 것 같다. 왜 빵이 맛있는지 생각하면서 즐기는 사람은 고수가 될 수밖에 없다. '이왕 하는 거 즐겨보자!'는 말은 인생의 진리이다.

차차베이커리
주소: 경기도 성남시 분당구 수내1동 29 대명상가 141호
전화번호: 031-712-0735
휴무: 없음(명절 및 임시 휴무는 매장 공지)
홈페이지(블로그): blog.naver.com/gangirum2

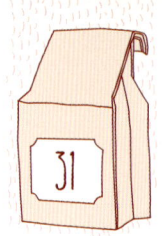

브로테나인(brot9), 이주화 셰프

천연 발효종, 친환경 우리 농산물로 만든 100% 진짜 건강빵

BROT9

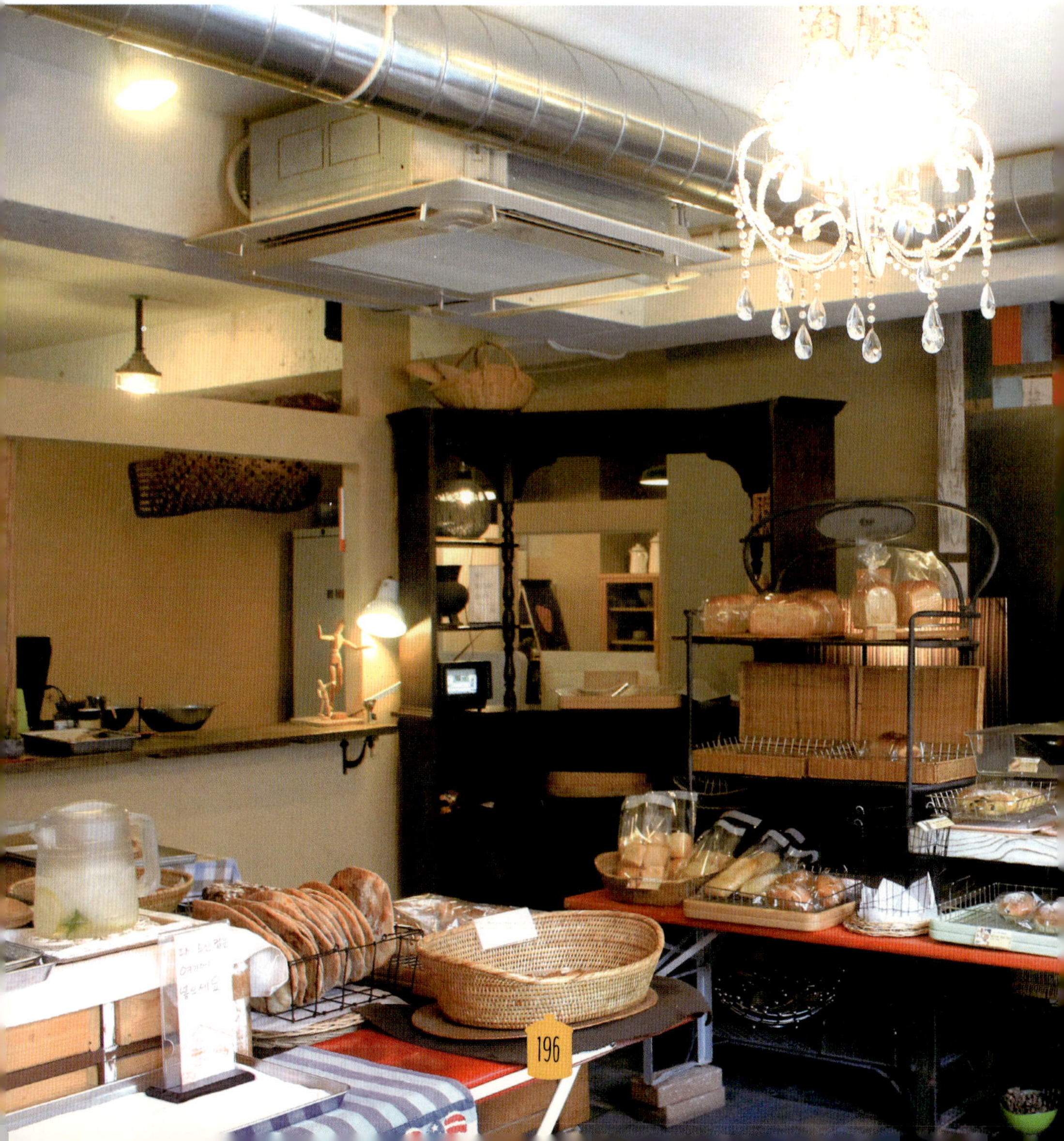

바삭해서 조금씩 부셔 먹는 재미가 있는
공갈빵 같은 납작빵

한살림 협동조합의 빵 선생님

친구가 어느 날 나에게 큰 사건이라도 생긴 듯, 알려주고 싶은 빵집이 있다고 했다. 한동안 열심히 빵을 배우러 다니던 친구의 눈길을 사로 잡은 건 바로 '한살림' 협동조합의 빵 선생님인 이주화 셰프이다. 《천연발효빵》이라는 저서에서 우리 농산물을 사용한 투박하지만 건강한 빵을 소개했다. 우리는 이주화 셰프가 분당에서 문을 열었다는 브로테나인(brot 9)으로 향했다.

우리 농산물로 만든 천연 발효 빵

브로테나인(brot 9)은 무슨 뜻일까? 브로테(brot)는 독일어로 빵이라는 뜻이고 나인은 숫자 9이다. 말 그대로 빵과 9라는 뜻이다. 직접 발효종을 만들어 빵을 만들기까지 걸리는 시간이 총 9일이라 붙인 이름이라고 한다. 몸에 좋은 음식은 역시나 슬로우 푸드다. 벽 한쪽에는 'YES, NO, DOWN'이라는 공식이 보인다. 이 문구는 이주화 셰프의 빵에 관한 신념을 가장 잘 표현하는 단어다. 'YES! 100% 우리 밀, 천연 효모. NO! 버터, 설탕, 우유, 달걀. DOWN! 소금.' 100% 우리 밀과 우리 농산물, 천연 발효종을 사용하고 부재료나 감미료를 넣지 않고 만드는 이주화 셰프만의 빵 뺄셈 공식이다.

이주화 셰프는 남들보다 늦은 나이인 39살에 제빵을 시작했다. 15년 동안의 갖은 노력과 연구로 얻은 결과물이 바로 '브로테나인'이다. 또한, 책을 통해 우리 농산물을 사용한 레시피도 소개했다.

진열대의 빵을 자세히 살펴보면 자극적인 재료를 사용하지 않고 심심한 듯, 자연스럽게 만든 빵이 대부분이다. 블루베리 페이스트리도 기존의 빵과는 다른 모양이다. 긴 막대기 모양의 두꺼운 빵 결 사이사이에 블루베리 잼과 견과류가 들어간 담백한 빵이다. 빵을 둘러보면서 쟁반 가득 서리태빵, 납작빵, 깜빠뉴, 우리 밀 검은콩빵, 단팥빵을 담았다. 빵은 전부 100% 우리 밀로 만든 것으로 우리 밀은 글루텐이 적어 부피감이 크지 않고 밀도가 높다. 브로테나인의 빵도 작지만 묵직하다.

우선 납작빵을 먹었다. 납작빵은 멕시코 전통 빵인 고요타로 납작하게 생긴 공갈빵 같은 모양이다. 바삭하고 달콤해 조금씩 부셔서 먹다 보면 금세 다 먹는다. 예쁜 회오리 꽃 한 송이가 빵 위에 올라 있는 것처럼 예쁘다. 반으로 가르면 시큼하면서도 고소한 냄새가 확 풍겨 바로 뜯어먹고 싶어진다. 마치 갓 쪄낸 술빵 같은 느낌이다. 이곳의 단팥빵은 팥부터 다르다. 안흥찐빵에 들어가는 팥처럼 보슬보슬한 형태로 팥알이 그대로 씹힌다. 다른 재료는 넣지 않고 팥만 넣었지만, 전혀 달지 않다. 물론 빵 반죽도 특이해서 빵 피는 얇으면서도 하드롤의 크러스트 같은 형태라 씹을수록 고소하다. 강황 가루가 들어가 노란빛이 아주 예쁜 우리 밀 검은콩빵은 썰어보니 백설기처럼 콩이 나란히 들어 있고 서리태가 참 고소하다. 대부분 빵이 재료 본연의 맛에 가까워 구수하면서도 달지 않다. 빵을 먹으면 건강해질 것 같은 '엄마가 만든 빵'이다.

매장이 한가해진 틈을 타 이주화 셰프와 대화를 시도했다. 셰프를 기다리고 있는 내 모습을 보고는 먼저 웃으며 말을 걸어온다.

"빵 좋아하시죠? 집에서 직접 빵도 구우시나요?"

"네, 하지만 돈 많이 벌어서 사 먹는 것이 나은 것 같아요."

사 먹는 것이 낫다는 말에 웃음이 터져버린 셰프와 이런저런 이야기를 나누었다. 두 시간이나 걸려 이곳을 찾아왔고, 서울은 물론 지방까지 가서 맛있는 빵을 사 먹고, 해외여행을 가서도 맛있는 빵과 디저트를 찾아 먹는다는 이야기를 하자 신기해했다.

꿈 앞에서 나이는 무용지물

"늦게 시작했지만 내 꿈은 움직이지 않는 것이 아니에요. 비록 보이지는 않지만 아주 천천히 한발씩 내딛고 있어요. 빠르게 움직이지 않을 뿐, 빵을 계속 만들 수 있도록 내가 느려져야 한다고 생각해요.

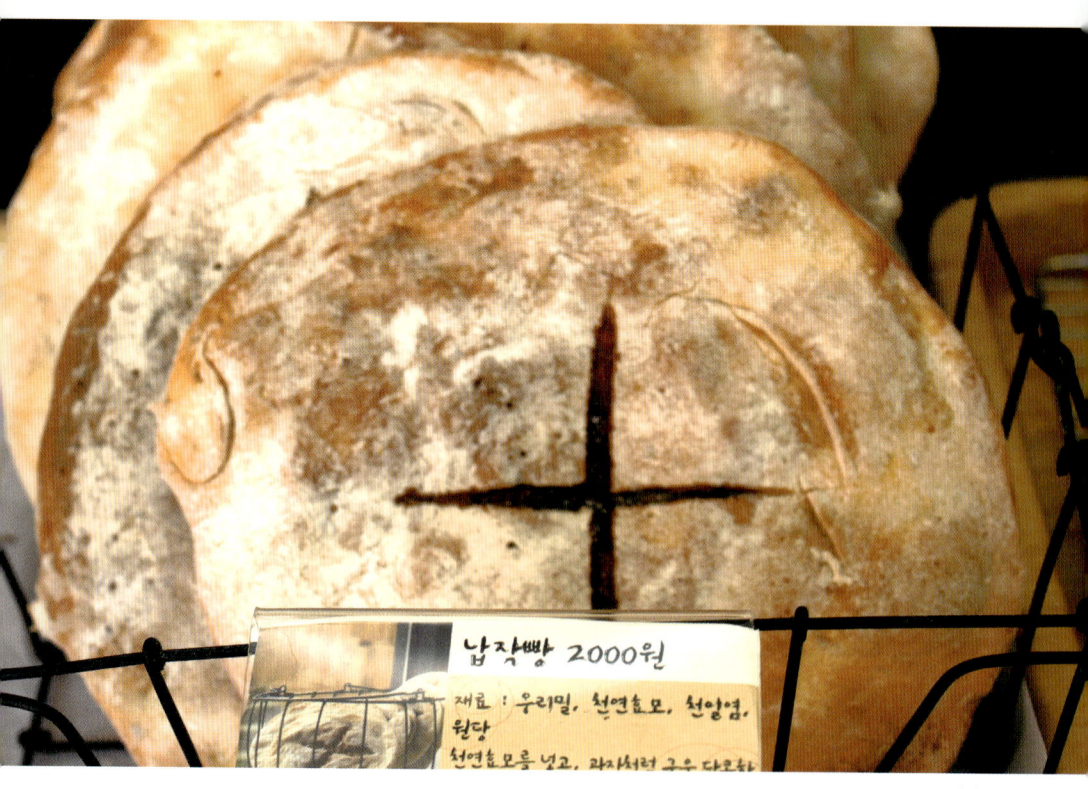

_납작빵

그리고 젊으니까 뭐든지 내가 하고 싶은 것을 평생 즐길 수 있는 것을 찾으면 좋겠어요."

　이주화 셰프는 차분히 천천히 인생을 살아도 좋다고 말한다. 요즘은 다들 '빨리빨리'를 외치지만 빵을 만드는 데 9일이 걸리는 것처럼 완성되기까지는 그에 맞는 시간이 필요한 법이니 그 시간만큼은 느려도 좋은 것이다.
　내 꿈은 지금쯤 어디까지 왔을까? 아직은 꿈을 잊지 않고 싶다.

브로테나인
주소: 경기도 성남시 분당구 판교동 601-6
　　　지하 1층
전화번호: 031-702-9333
휴무: 월요일
홈페이지(블로그): blog.naver.com/brote9

깜빠니오(companio), 어규석 셰프

빵을 나누어 먹는 사람들이란 뜻의 깜빠니오, 빵을 나누다

COMPANIO

블루베리와 크림치즈의 진한 맛이 입안 가득 퍼지는
블루베리 치즈 호밀빵

빵은 가슴 설레는 선물

많은 사람이 빵을 많이 먹는 사람에 대해 오해하고 있는 것 중에 하나가 바로 빵을 구매하는 데 사용하는 지출 비용이다.

언젠가는 "진짜 궁금해서 물어보는데, 한 달에 빵 구매 비용이 얼마예요?"라는 질문을 받고 카드 내용을 몇 달간 유심히 살펴보았다. 커피나 디저트를 포함해도 30만 원 정도다. 여기저기 빵을 선물로 사서 나눠 주는 것까지 포함한 액수다. 따로 외식하거나 술을 하지 않으니 이 비용이 비싼 것 같지는 않다. 여러 빵집의 빵을 사고, 친구를 만나 빵을 나눠 주거나 빵을 좋아하는 사람에게 빵을 선물로 주는 것을 항상 설렌다. 마음 같아서는 직접 만들어 주고 싶지만 아직은 자신이 없다.

빵을 나눠 먹는 사람들, 깜빠니오

깜빠니오라는 이름을 처음 들었을 때 혹시 깜빠뉴를 잘못 들은 것은 아닌가 하는 생각이 들었다. 평상시 알고 있던 깜빠뉴와 비슷했기 때문이다. 혹여나 잘못 들었을까 봐 몇 번을 되물어 보고 길을 떠났다.

부천 근처의 상동역으로 발걸음을 옮겼다. 부천과 인천은 서울에서 가깝지만, 출퇴근길 1호선에 시달린 기억 때문에 잘 찾지 않는 동네다. 빵집을 찾아가는 길 골목에 큰 건물이 성냥갑처럼 차곡차곡 정리된 모습이 신도시 같아 어색하다. 큰 건물 사이사이로 바람의 '횡횡' 소리가 들린다.

가게 앞에 도착하자 한 꼬마가 보인다. 가게 앞 의자에 앉아 있던 꼬마는 유모차를

끌고 오는 엄마를 재촉하며 같이 빵집으로 들어간다. 문을 연 지 얼마 되지 않았다고 들었는데 벌써 꼬마 손님의 입맛을 사로잡았나 보다. 입구에는 빵이 나오는 시간을 알려 주는 배너가 있어 시간에 맞춰 오면 갓 구운 빵을 살 수 있다. 가게 안으로 들어서자 '깜빠니오'의 뜻을 바로 알 수 있었다. 깜빠니오는 라틴어로 '빵을 나눠 먹는 사람들'이라고 한다. 빵의 기원은 대략 6,000년 전 이상으로 거슬러 올라가는데 그 당시에는 임금 대신 빵을 받기도 했다고 한다.

"사진 좀 찍어도 될까요?"

흔쾌히 사진을 찍어도 된다는 말에 카메라 렌즈의 초점을 확인하면서 가게를 둘러보았다. 어떤 발효종을 사용하는지 모두 게시하고 있었다. 깜빠니오는 천연 발효종을 배양하기 위해 건포도 액종을 사용하며 직접 키우는 건포도 액종의 상태를 설명과 함께 매장에 진열해 놓았다. 빵을 맛있게 먹는 방법과 보관 방법도 알려준다. 빵을 사서 바로 먹지 않는다면 냉동고에 보관하는 것이 좋다고 한다. 빵은 천연 발효 빵, 식사 빵, 단과자 빵 등 종류별로 나뉘어 진열되어 있다. 점심시간에 도착한 터라 일찍 나온 빵은 이미 매진된 상태였지만, 오후에도 한 번 더 빵이 나온

다고 한다. 이곳의 빵은 그리 크지 않아서 여러 개를 먹을 수 있고 가격도 저렴한 편이다.

버터, 달걀, 우유, 설탕을 넣지 않은 빵

빵에 종류에 따라 버터, 달걀, 우유, 설탕이 들어가지 않은 담백한 빵도 많다. 종종 천연 발효종을 사용한 버터가 들어가지 않는 크루아상이 있느냐는 질문도 받는데 모든 빵에 유지나 설탕이 안 들어가는 것은 아니고 브리오슈나 크루아상 종류에는 넣는다고 한다.

치즈, 호두, 무화과, 건포도, 크랜베리 등이 들어간 깜빠뉴와 호밀빵은 고소하면서도 새콤한 건과일이 들어 있어 처음 천연 발효종 빵을 접하는 사람에게 알맞다. 올리브와 치즈가 듬뿍 들어간 치아바타, 오븐에 구운 카레고로케, 쌀로 만든 소보루빵, 단팥빵, 꽈배기 등이 있다. 나는 루스티크, 치즈 치아바타, 블루베리 치즈 호밀빵, 카레빵을 골랐다.

루스티크는 쫄깃하면서도 바삭하고, 구운 고로케는 기름기가 적어 고로케와 카레가 잘 어울린다. 물론 속도 꽉 차 있어 먹는 내내 끝까지 카레의 맛을 느낄 수 있다. 블루베리 치즈 호밀빵은 먹음직스러

_초코 호두빵

운 쿠프가 있는 동그란 호밀빵 속에 크림치즈와 블루베리가 들어 입안 가득 진한 치즈 맛이 퍼진다. 화려한 빵보다는 역시 동네 빵집의 단아한 빵이 좋다.

"적립카드 있으세요? 없으면 만들어 드릴까요?"
"아니요, 멀리서 와서 괜찮아요."
"멀리요? 혹시 기자세요? 커다란 카메라를 들고 있으니 궁금해서요."

매장의 사진을 찍던 나를 유심히 지켜보던 직원이 이런 말을 한다. 주방의 어규석 셰프도 궁금하다는 눈빛을 보인다. 빵집에서 사진을 찍으면 으레 제빵사나 기자라고 생각하기 마련인데 나는 단지 빵을 좋아하는 평범한 사람이라고 말한다. 그 후로도 몇 번 더 방문하여 서로 아는 사이가 되었지만, 여전히 다른 손님과 똑같이 대해 주니 오히려 마음이 편하다. 빵집을 방문할 때는 마음이 편한 것이 제일이다.

깜빠니오
주소: 경기도 부천시 원미구 상동 562-8 1층
전화번호: 032-325-7228
휴무: 둘째, 넷째 주 일요일
홈페이지(블로그): blog.naver.com/help2323

오월의 아침, 김상중 셰프

세잎 클로버의 행복!
행복을 주고 싶은 빵집

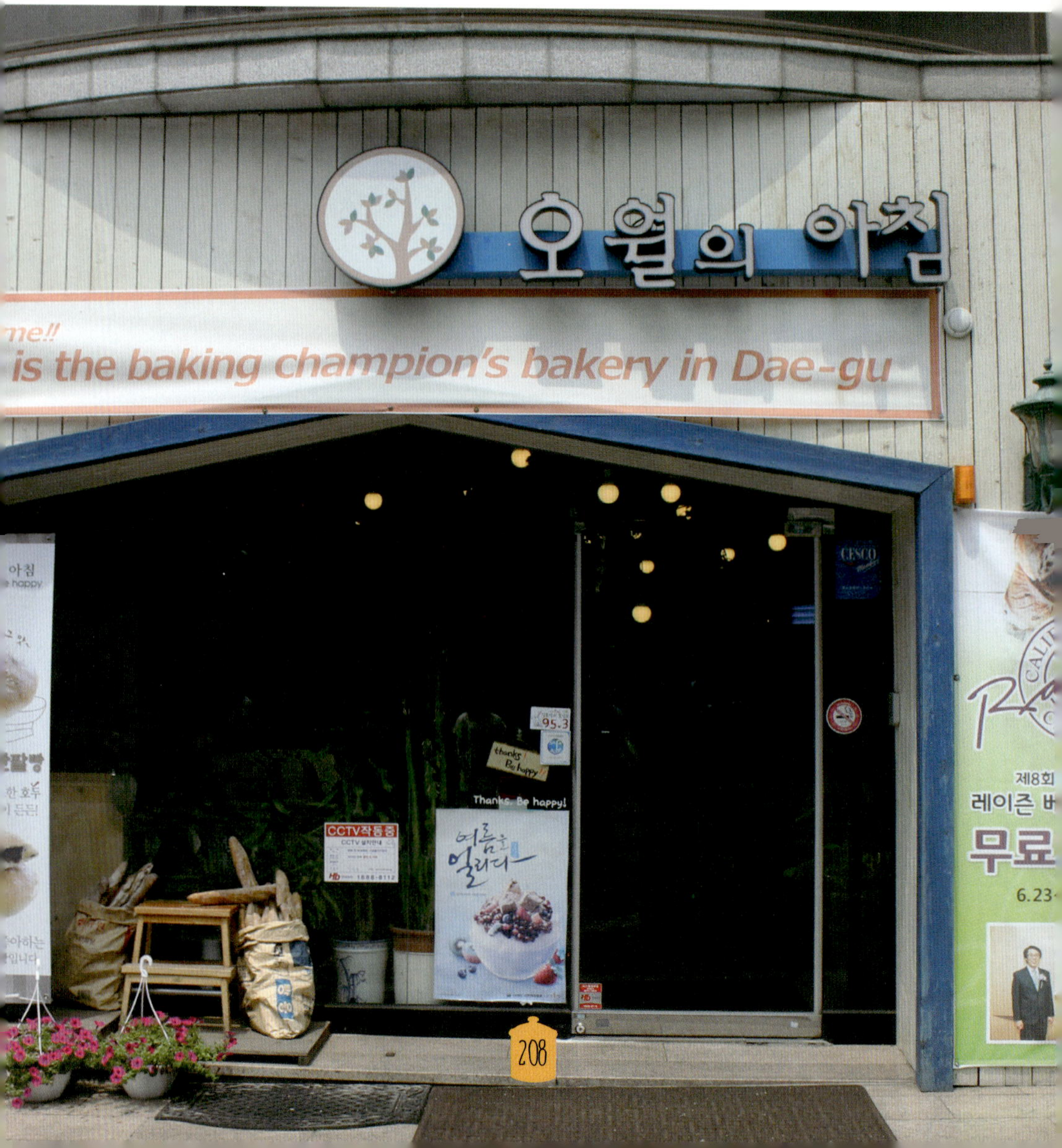

직접 만든 앙금이 매력적인 달콤하면서도 고소한 명품 단팥빵

1박 2일 지방 빵 투어

2012년 5월 회사를 그만두고 쉬면서 지방 빵 투어를 계획했다. 대구와 대전으로 갈 준비를 하고 밤새 빵집 리스트를 정리하면서 빵을 차에 하나 가득 실어올 꿈에 부풀었다. 그 당시에는 SNS를 통해 여러 지방의 사람들과 사귀던 시기였다. 휴게소 중간 지점에서 사진을 찍어 트위터나 페이스북에 올리며 여행을 즐겼다. 그때 트위터의 메시지가 도착했다는 알람이 떴다. 처음 보는 사람이었다. 지방 빵 투어에 처음 보는 사람이 관심을 갖고 질문하는 것이 신기했다.

"혹시 대구에도 오시나요? 어느 빵집을 방문할 예정이신가요? 오월의 아침은 어떠세요? 시간 되시면 저희 빵집에도 오세요!"

대구에서 방문할 빵집 리스트를 보니 마침 오월의 아침이 있었다. 빵을 좋아하는 대구에 사는 동생이 추천한 곳이었다. 출발하기 전 오월의 아침의 사진을 찾아보니 시골마루 같은 위에 놓여 있는 좌식 테이블과 십전대보탕을 넣었다는 보약주머니라는 빵이 흥미로웠다. 대구에 도착하여 바로 찾아갔지만 모처럼 1년 만에 쉬는 날이었다. 가는 날이 장날이라더니 아쉬움을 뒤로 하고 서울로 왔다. 그 후 대구를 다시 찾기까지 두 달이 걸렸다.

정말 더운 여름의 어느 날 다시 대구를 찾았다. 서울역에서 KTX를 타고 출발해서 한숨 잠들기도 전에 동대구역에 도착했다. 택시를 타고 오월의 아침에 도착하자 더운 날씨 탓인지 팥빙수 판매를 알리는 광고 배너가 제일 먼저 보였다.

매장에서는 더치커피 기계가 커피를 뽑아내고 있었다. 네덜란드에서 시작된 더치커피는 배를 타고 오면서 원두에 물이 고여 한 방울씩 떨어지는 것을 받아먹어 보니 맛이 좋아 만들어 먹기 시작했다고 한다. 커피도 빵도 오랜 시간을 거쳐야 본연의 맛이 더욱 진해지는 것이다.

가게에 들어가 본격적으로 빵을 구경하니 사실 빵 종류는 적어 보였다. 종류를 늘리

기보다는 맛에 중점을 두고 만들기 때문이라고 한다. 매월 신제품이 나오고 기존 메뉴가 사라졌다 다시 돌아오는 시스템이라고 한다. 신제품이 나오기 전, 매장과 주방 직원이 모두 모여 먹어보고 장단점을 토론해서 단점은 보완하고 제품 이름도 함께 짓는다고 한다. 직원들도 다른 빵집에 가면 손님이니까 손님의 입맛에 맞춘 테스트라고 할 수 있다.

보들보들 상큼양, 포동포동 망고

오월의 아침에는 대체로 담백한 빵이 많다. 시식용 빵이 많이 준비되어 있으니 고르기 힘들다면 시식한 후 입맛에 맞는 것을 고를 수 있다. 시식용 빵이 없을 때는 직원에게 이야기하면 큼직하게 썰어주니 걱정하지 말고 용기를 내자.

평소 궁금했던 보약주머니, 김탁구빵, 보들보들 상큼양, 포동포동 망고, 단팥빵을 골랐다.

동그란 빵을 손으로 감싼 모양의 보약 주머니는 얼핏 한약 냄새가 난다. 십전대보탕에 넣는 당귀, 인삼, 감초, 황기 등이 들어가 복날에 먹으면 기가 충전되는 빵이다. 단단해 보이는 빵을 자르면 속은 폭신하다. 무화과와 건포도가 달콤하게 씹히면서 끝에 감도는 한약 맛과 향이 참 좋다. 계절상품이라 있을 때도 있고 없을 때도 있으니 신기루 보약주머니라고 해야겠다. 김탁구빵은 '제빵왕 김탁구'라는 드라마의 이름을 딴 빵으로 '프로 제빵왕'이라는 대회에서 1등을 안겨 주었다. 아주 평범한 둥근 모양으로 겉에서는 속 재료가 보이지 않는다. 폭신한 빵을 자르면 새콤한 크랜베리와 옥수수 알갱이가 씹히며 차진 식감이 떡과 비슷하다. 보리와 쌀로 만든 빵으로 설탕이 들어가지 않는다. 씹을수록 담백하고 하나만 먹어도 속이 든든하다. 하얀 천사 링처럼 생긴 보들보들 상큼양은 폭신한 시폰케이크로 달걀흰자와 레몬즙으로 만들어 칼로리를 낮추었다. 쫄깃한 식감에 담백하다. 포동포동 망고

애플, 쇼콜라 깜빠뉴

_명품 단팥빵

는 화려한 매력이 있는 빵이다. 부드럽고 촉촉한 카스텔라 위에 달지 않은 망고 맛의 크림치즈 수플레를 얹어 그냥 먹어도 좋다.

동네 빵집의 대표 빵은 아마 단팥빵일 것이다. 오월의 아침에는 '명품'이라는 호를 붙인 단팥빵이 있다. 남녀노소에 인기 대박이라는 수식어까지 붙어 있어 안 먹어볼 수 없어 들어보니 묵직하다. 반으로 자르니 속이 호두와 팥으로 꽉 찼다. 빵 피도 얇고 요즘 유행하는 스타일의 단팥빵이다. 다른 단팥보다는 당도가 확실히 낮고 호두가 중간중간 씹혀 고소하다. 호두와 단팥의 비율이 잘 맞아서 더 맛있다.

만드는 사람이 행복한 세잎 클로버 빵집

대구 빵 투어를 갔을 때 처음 뵈었던 김상중 셰프는 오월의 아침의 키워드는 '행복'이라고 했다. 빵을 만드는 사람이 행복해야 결국 빵이 맛있다고 한다. 그래서 김상중 셰프는 반죽을 보면서 '맛있게 만들어져라!'라고 주문을 건다.

네잎 클로버는 행운, 세잎 클로버는 행복이라는 뜻이 있다. 세잎클 로버는 잎 하나가 부족하지만, 행복이라는 뜻을 지닌 것처럼 오월의 아침이 부족할 수도 있지만, 손님에게 행복을 주는 세잎 클로버 같은 빵집이 되길 바란다.

오월의 아침 인사는 '안녕히 가세요'가 아니라 'Thanks, Be happy'다. 빵을 사러 오는 손님뿐만 아니라 이 시대를 살아가는 모든 사람에게 오월의 아침에서 던지는 인사다.
"감사합니다. 행복하세요!"
책을 보고 계신 지금, 다들 행복하신 거죠?

오월의 아침
주소: 대구 달서구 상인3동 1554-2
전화번호: 053-639-5578
휴무: 없음(명절 및 임시 휴무는 매장 공지)
홈페이지(블로그): blog.naver.com/ggam9900

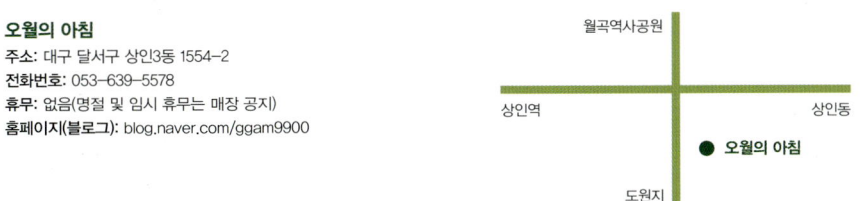

궁전제과(GungJeon Bakery), 윤재선 대표(윤준호 실장)
광주의 전통 빵집 그리고 공룡알!
GUNGJEON BAKERY

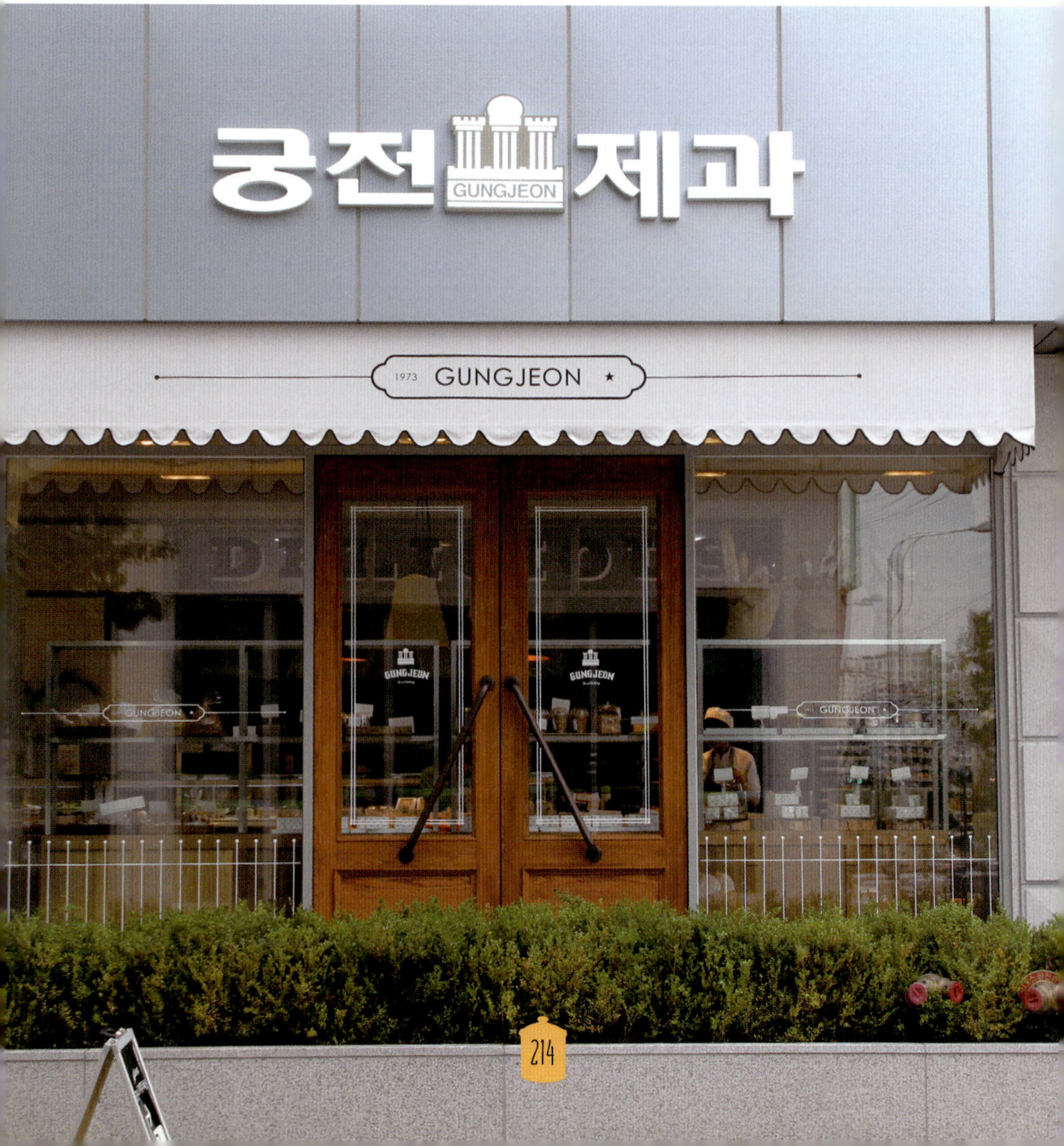

달걀 사라다가 가득 든 한국식 브런치
공룡알

'사라다'가 생각나는 공룡알

  2012년 8월은 참 덥고 습했다. 빵생빵사 카페를 만든 지 두 달, 처음으로 빵을 좋아하는 사람들과 각자 좋아하는 빵집의 빵을 사 와서 나눠 먹는 오프라인 모임을 했다. 그날은 목포에 사는 빵 동생 순향이를 처음 만난 날이었다. 그녀는 목포에 사는 쌍둥이 자매 중 한 명으로 전라도의 맛있는 빵을 알리고 싶어 나왔다고 한다. 오후 세 시, 여의도에 하나둘씩 모이기 시작했다. 10명이 각각 좋아하는 빵집의 빵을 양손 무겁게 들고 도착했다. 서로 가져온 빵을 소개하면서 탁자에 올려놓자 금세 탁자가 빵으로 가득 찼다.

  빵을 나눠 먹고 있을 때 비어 있던 한 자리의 주인공이 도착했다. 손에는 목포 코롬방의 유명한 새우바게트와 광주 궁전제과의 공룡알이 들려 있었다. 더운 날씨에도 쉬지 않고 달려왔을 그녀의 첫마디는 죄송하다는 말이었다. 당일 나온 빵을 사려고 기다리다 늦었다고 한다. 그날 모임에 참석한 사람들은 서울뿐만 아니라 대구, 용인, 목포 등에서 왔다. 서로 빵집과 빵에 관한 이야기를 나누며 빵에 심취했다.

  각자의 취향에 따라 빵을 골라 먹기 시작했다. 특히 공룡알이라는 빵이 궁금했다. 롤빵을 반으로 잘라 속을 파낸 후 달걀, 감자 등으로 만든 달걀 샐러드를 가득 채운 빵이다. 채소나 감자, 달걀 등이 들어간 조리 빵은 대체로 맛이 강하고 짜서 다 먹지 못하는 경우가 많은데 이 공룡알은 감칠맛이 나는 것이 옛날 엄마가 해 주시던 일명 '사라다'가 생각났다. 공룡알은 원래 '후렌치 샌드위치'라는 이름이었는데 손님들이 공룡알 같이 생겼다고 해서 아예 이름을 바꿨다고 한다. 바삭한 빵과 재료가 잘 어울려 공룡알을 혼자 거의 다 먹어 치우고는 꼭 광주 궁전제과를 직접 가봐야겠다고 마음먹었다.

  그날의 다짐을 그해 겨울 크리스마스가 지난 후에야 실천했다. 광주로 빵 투어를 떠나면서 그곳의 빵생빵사 회원들과 빵 송년회를 하기로 했다. 기차를 타고 송정역에 도착해 바로 충장로로 향했다.

조리 빵의 반란

목포의 코롬방, 대전의 성심당, 군산의 이성당, 안동의 맘모스제과 등 최근에는 각 지역을 대표하는 빵집들이 전국적으로 유명세를 떨치고 있다. 광주에는 1973년 문을 열어 40년째 운영되고 있는 궁전제과가 있다. 현재 윤재선 대표가 2대째로 3대째 가업을 잇고 있다. 경영과 주방은 완벽하게 분리되어 있어 대표는 경영만 한다.

충장로에 들어서면 멀리서도 보이는 벽돌 건물이 바로 궁전제과다. 매장 앞에 도착하니 황금색의 궁전제과 로고와 간판이 보인다. 2층의 유리창 너머로 보이는 탁자에는 벌써 손님들이 가득했다.

안으로 들어가 빵을 구경했다. 쿠키, 케이크부터 빵, 샌드위치까지 거의 모든 종류의 빵과 디저트가 손님을 기다리고 있다. 지방 빵집에는 다양한 조리 빵을 볼 수 있는데 궁전제과에도 조리 빵이 많다. 바게트피자, 햄치즈바게트, 이탈리안고로

케, 크레존 등의 빵이 보인다. 요즘 들어 유럽의 식사 빵이 유행하면서 조리 빵이 무시 받는 경향도 있지만 조리 빵은 그저 케첩이나 마요네즈를 사용해 만드는 쉬운 빵은 아니다. 어찌 보면 요리에 가까운 빵으로 각 재료가 잘 어울려야 하고, 식감, 익힘, 색의 조화도 좋아야 한다.

브런치가 유행 중인데 소시지빵이나 바게트피자 등의 조리 빵이 한국의 브런치일 수도 있다. 공룡알은 이미 거의 다 팔리고 없어서 겨우 두 개를 구매했다. 공룡알의 인기를 실감했다. 햄, 양파, 옥수수가 들어가 담백하고 보들보들한 빵에 간이 세지 않은 크레존도 인기다.

또 다른 인기 빵은 나비파이다. 종이처럼 얇은 페이스트리 반죽을 수십 번 겹쳐 나비 모양이나 부채 모양으로 만든 파이다. 부드럽게 녹는 쫀득한 맛이 일품으로 바로 먹는 것이 좋지만 여의치 않을 때는 전자레인지에 15~20초 정도 돌려먹으면 바삭해서 맛있다. 한입씩 베어 물면 바스락거리면서 반은 후두두 떨어지지만, 다

_통호밀 호두 브레드

시 주워 담아 먹는 것도 즐겁다. 크랜베리 깜빠뉴, 치즈바게트 등의 담백한 빵도 많다.

여러 가지 빵을 골라 2층에 자리 잡았다. 음료수는 2층에서도 주문할 수 있다. 시간이 되자 광주의 빵생빵사 카페 회원들이 속속 모였다. 광주의 여러 빵집과 서울 빵집의 빵을 모두 모아 놓고, 함께 빵을 먹으면서 직접 가지 못하는 빵집의 빵을 맛보며 빵에 관한 이야기를 나누면 시간 가는 줄 모른다.

광주의 과거, 현재, 미래와 함께하는 궁전제과

광주 고속버스터미널에서 서울로 올라오는 길, 양손에는 광주의 빵이 가득하다. 버스 안에서 먹는 공룡알의 맛이 일품이다. 올 때마다 행복한 광주다. 맛있는 빵도 많고, 인심도 좋고 사람도 좋다. 나에게는 제2의 고향 같은 광주에서 궁전제과는 나보다 6년 먼저 태어나 여전히 사랑받고 있다.

나는 모르는 그 시절의 기억과 시대의 아픔을 함께한 궁전제과! 과거의 단과자와 조리 빵부터 요즘 유행에 맞춘 건강 빵까지 40여 년을 이어온 궁전제과는 빛고을 광주의 과거, 현재, 미래를 기억하는 빵집으로 앞으로도 계속 살아남은 빵집이 되길 바란다. 할머니가 돼도 손자의 손을 잡고 광주로 빵을 먹으러 갈 것이다.

궁전제과
주소: 광주 동구 충장로1가 1-9
(본점, 각 지점은 홈페이지에서 확인)
전화번호: 062-222-3477
휴무: 없음(명절 및 임시 휴무는 매장 공지)
홈페이지: www.kungjeun.co.kr

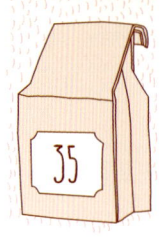

배리스키친(Baely's kitchen), 배준영 셰프

제빵사 남편,
파티시에 부인!

BAELY'S KITCHEN

진한 생크림과 달콤한 소보루의 만남
생크림 소보루

젊은 부부가 함께 꾸리는 빵집

"먼 길 오셨는데 죄송해요. 크리스마스 시즌 때 밤새워 일해서 오늘은 부득이하게 문을 닫았어요."

빵으로 만난 인연인 광주의 빵동생 순향이도 보고 빵도 먹기 위해 처음 광주로 갔던 것이 벌써 3년 전이다. 크리스마스 다음 날인 12월 26일 겨울 아침에 용산역에서 출발하는 기차를 타고 광주로 향했다.

기차 안에는 연말이라 여행객 차림의 사람이 많았다. 연말에는 친구나 가족과 함께 시간을 보낼 법도 하지만 한 해를 넘기기 싫어 갑자기 광주행을 선택했다. 광주의 빵생빵사 회원들과의 번개 모임이 나를 기다리고 있으니 절로 웃음이 나온다. 지방에서 처음 하는 번개 모임이라 서울의 맛있는 빵을 챙겨 내려갔다. 송정역에 도착해서 택시를 타고 바로 수완지구로 향했다.

배리스키친은 빵을 만드는 배준영 셰프와 케이크를 만드는 이성희 파티시에의 젊은 부부가 이끌어 가는 가게로 배리스키친은 두 사람의 주방이라는 뜻이다. 크리스마스는 빵집의 대목으로 이 젊은 부부는 며칠 동안 하루도 쉬지 않고 케이크를 만들다 체력이 고갈되어 26일은 임시로 쉰다고 했다. 가는 날이 장날이라더니 아쉬운 마음이다. 이후에 다시 찾아갔지만 아쉽게도 빵을 먹지 못했다. 그리고 약 5개월 후에 다시 방문했다. 두 번째 방문도 아닌 세 번째 방문에서야 여러 종류의 빵을 맛볼 수 있었다.

왜 충장로나 지하철역, 터미널 같은 유동인구가 많은 곳이 아닌 한적한 주택가에 가

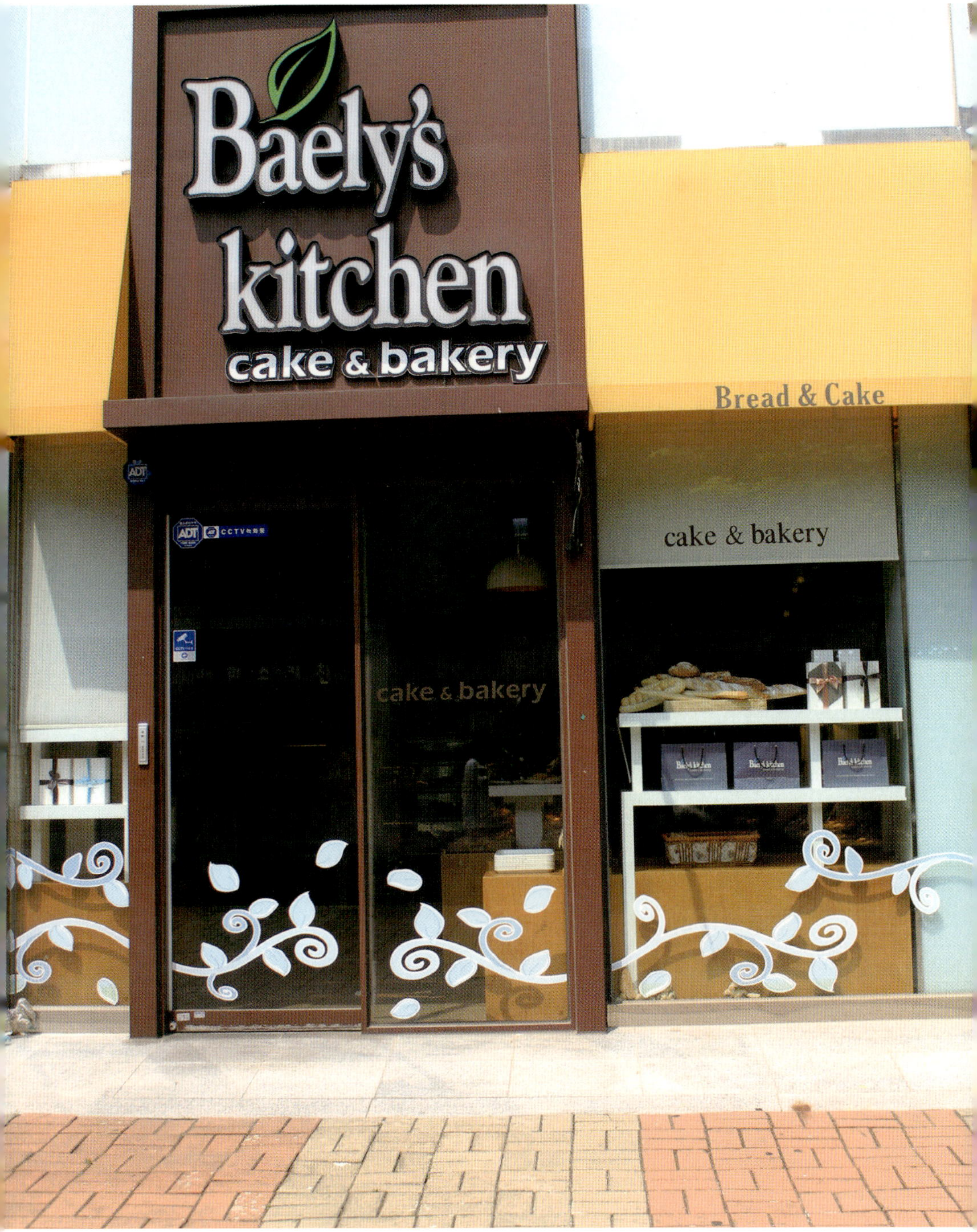
Baely's kitchen
cake & bakery
Bread & Cake
cake & bakery
cake & bakery

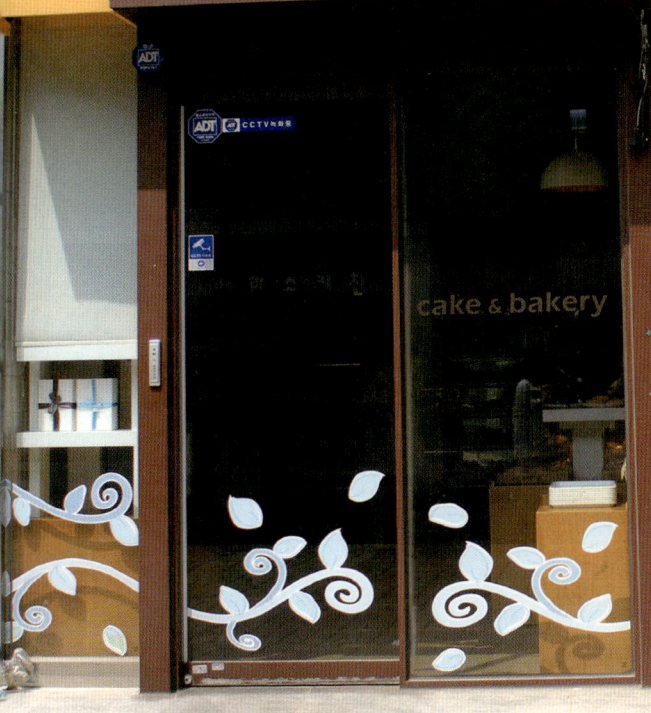

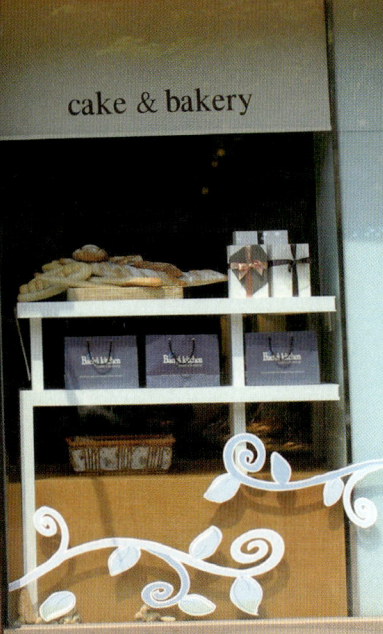

__왼쪽부터 소보루 슈, 생크림 소보루

게를 열었는지 궁금했다. 배준영 셰프의 친형도 제빵사로 대구에서 르배라는 빵집을 운영하고 있는 배재현 셰프다. 굳이 대구에서 광주까지 와서, 광주에서도 외곽인 수완지구에 빵집을 연 이유가 더욱 궁금해졌다. 이유는 바로 형 때문이라고 한다. 독립을 늦추라는 형의 권유와 걱정 어린 간섭에서 벗어나고 싶은 마음에 대구가 아닌 다른 지역을 찾다가 빵집이 없던 광주 수완지구로 결정했다고 한다.

거칠지만 구수한 빵

선선한 바람이 좋은 5월에 다시 광주로 향했다. 이른 시간에 도착해서 빵이 나오길 기다리면서 구경했다.

그동안 형과 함께 빵을 만들었기 때문에 형과 비슷한 빵일 것이라고 생각했지만, 전혀 달랐다. 부드러운 빵 스타일인 르배와는 달리 배리스키친은 호밀, 통밀, 귀리를 넣은 구수하고 거친 빵이 많다. 이런 빵은 오후 두 시쯤에 나오는데, 조금 만들기 때문에 조금만 늦어도 빵이 다 팔리고 없으니 미리 예약하는 것이 좋다. 천연 발효종을 사용한 빵은 물론 단팥빵, 소보루빵, 소시지빵도 있다. 조리 빵은 담백하게 만들어서 간이 세지 않다.

동물성 생크림을 사용해서 깔끔한 맛이 돋보이는 생크림 케이크, 치즈케이크, 타라미스 등도 있다. 생크림 소보루, 유기농 세이글, 호두 크림치즈베이글, 애플 크림치즈 브리오슈를 골랐다.

　배리스키친에서 제일 인기 있는 빵은 생크림 소보루로 진한 생크림이 중간에 샌드되어 있어 달콤한 소보루와 잘 어울린다. 소보루의 토핑 부분이 크지 않아 입에 닿을 때 단맛과 고소한 맛이 더 잘 느껴진다. 우리 밀을 사용하는 빵도 몇 가지 있다. 유기농 세이글이 그렇다. 크랜베리와 호두가 들어간 빵으로 호밀과 우리 밀의 구수한 맛이 잘 어우러진다. 씹을수록 구수하고 담백한 맛 그리고 단아한 빵 모양이 참 마음에 든다. 르배에서 먼저 맛보았던 호두 크림치즈 베이글도 있다. 호두를 넣어 베이글을 만든 후 반으로 갈라 크림치즈를 듬뿍 넣은 빵으로 커다란 도넛 모양이다. 촉촉한 빵과 바삭한 크러스트가 고소하다. 크림치즈가 들어간 빵도 맛있다. 대부분 빵이 담백하고 재료 본연의 맛이 느껴지며 먹을수록 중독된다. 빵을 먹으면서 잠시 셰프 부부와 이야기할 기회가 생겼다.

동네의 새벽을 밝히는 작은 빵집

　"다른 지역에서 오셨죠? 혹시 전에 오셨다 쉬는 날이라 그냥 돌아가셨던 분인가요?"
　서울에서 어떻게 오게 되었는지, 어떻게 알고 왔는지 여러 이야기를 나누면서 서로 뜻밖에 공통점이 많은 것을 알게 되어 화기애애한 분위기가 흘렀다. 이 세상의 사람은 여섯 단계만 걸치면 연결된다는 이론이 있다고 하는데 우리는 한 다리만 걸치면 끝이라니 세상이 참 좁다. 이때

의 인연으로 제2회 자선 행사 때 빵을 넉넉히 보내주셔서 감사했다.

　각 지역마다 동네 주민에게 사랑받는 대형 빵집이 많다. 지방으로 빵 투어를 갈 때마다 추천 받은 큰 빵집의 빵 맛에는 뜻밖에 실망하는 경우도 있고, 생각지도 않은 작은 빵집에서 맛있는 빵을 먹고 오기도 한다.
　배리스 키친의 셰프들이 가게 문을 열고 반죽을 하는 새벽 시간은 온통 어둠으로 가득 차 있다. 단지 퉁퉁 거리면 돌아가는 반죽기의 소리만 공기를 타고 전해진다.

배리스키친
주소: 광주 광산구 수완동 1479 1층
전화번호: 062-953-3367
휴무: 명절

빵짓는 농부, 이종기 셰프

건강한 재료에서 시작되는 빵집, 빵을 농사짓다

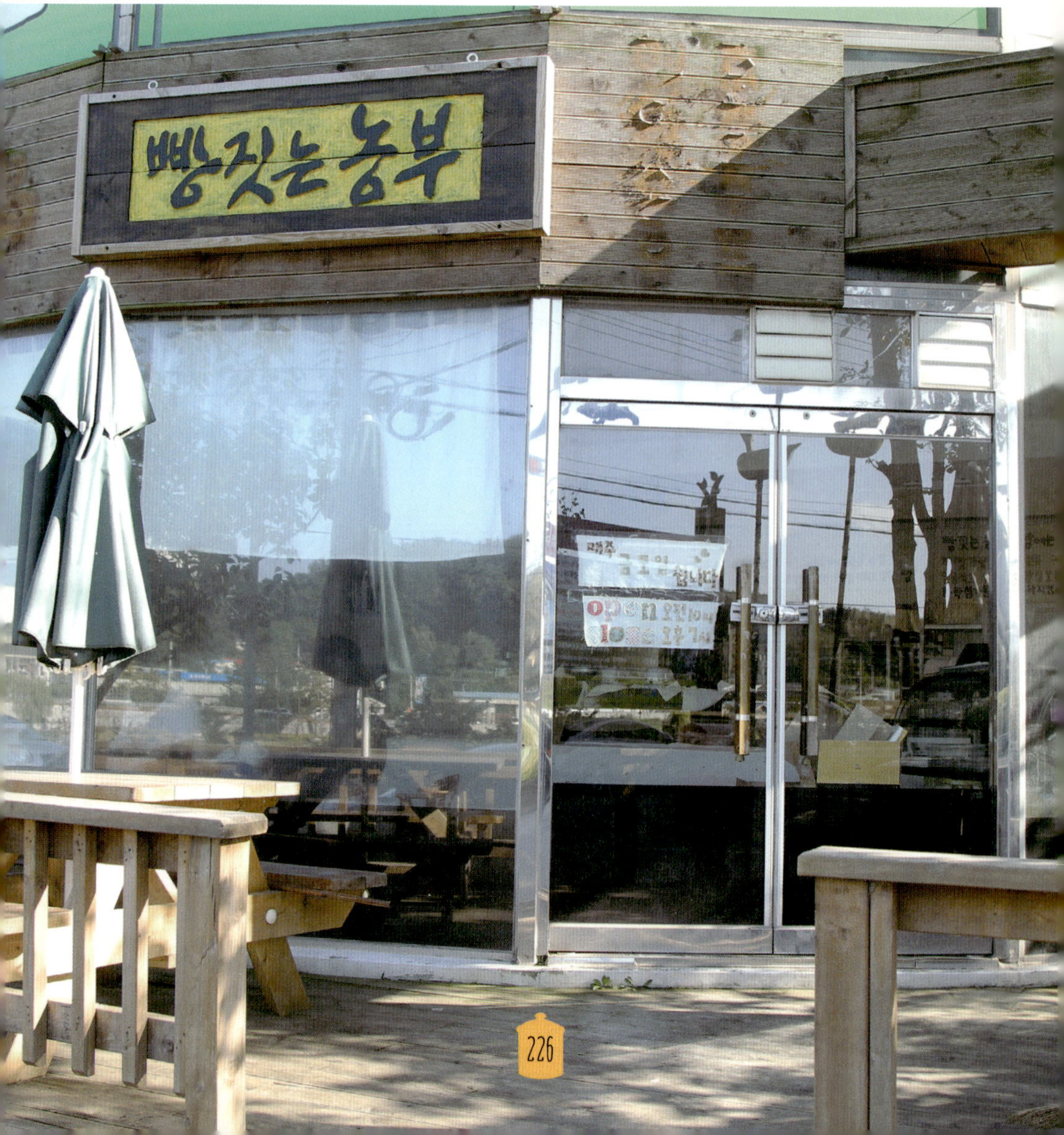

산양유, 커피, 메밀, 녹차, 블루베리 등
자연의 재료로 만드는 카스텔라

가락지빵과 산수유빵

강릉으로 여행을 다녀온 동생 손에는 빵을 좋아하는 나를 위한 빵 선물이 가득했다. 이름도 신기한 가락지빵, 산양유(염소 젖)가 들어간 카스텔라도 있었다. 빵을 먹으니 입안 가득 신선한 맛이 퍼진다. 가락지빵은 도넛인데도 며칠이 지난 후에 먹어도 기름지지 않았다.

직접 빵집에 찾아가고 싶은 마음에 아침 일찍 고속버스에 몸을 실었다. 강원도는 나에게는 제2의 고향 같은 곳임에도 불구하고 강원도로 빵 투어를 간 적은 없었다. 강릉 고속버스터미널에서 내리면 바로 넓은 백사장과 강릉 커피 골목을 볼 수 있을 것 같지만, 사실은 버스로 40분 정도는 더 가야 그런 광경을 볼 수 있다. 터미널 가까운 곳에 있는 빵짓는 농부는 요즘 강릉을 다녀오는 빵을 좋아하는 사람이라면 꼭 들리는 곳이다.

언제 어떻게 빵을 시작하게 되었는지 셰프의 이야기가 궁금했다. 많은 사람이 일자리를 잃었던 IMF 시절 이종기 셰프도 운영하던 컴퓨터 회사가 사정이 좋지 않아 정리했다. 그 후 재기를 꿈꾸며 시작했던 도시락 가게도 교통사고로 6개월 만에 정리하고 3개월 동안 병원에 입원했다 퇴원한 후 빵을 배우기 시작했다. 마흔의 나이에 27살의 선생님께 3개월 동안 몇 가지 빵을 만드는 방법을 배워 가게를 시작했다고 한다. 책을 보며 만들기도 했지만, 맛과 모양이 잘 나오지 않아 당시 제일 유명하다는 빵집인 서울 나폴레옹 제과점에 배우러 갔다.

사정을 이야기하자 나폴레옹 제과점에서는 흔쾌히 이종기 셰프를 받아 주었다. 새벽부터 빵 만드는 모습을 보면서 열심히 배웠다. 그리고 매일 빵을 사기 위해 길게 늘어선 손님을 보면서 충격도 받았다.

그곳에서 일하면서 성공한 빵집, 맛있는 빵집의 비결을 한 가지 알 수 있었는데 그것은 바로 재료였다. 그때까지 빵은 마가린으로 만드는 것으로 생각했는데 나폴레옹 제과점에서는 천연 버터로 빵을 만드는 모습에 충격을 받았다고 한다. 그 후로 빵의 재료에 관심을 두게 되어 강릉에 도착하자마자 바로 천연 버터를 사용해 빵을 만들었고 그 맛은 입소문이 나기 시작했다. 이런 변화가 빵짓는 농부의 기본적인 생각이 되었다.

자연이 준 천연 재료로 만드는 빵

이종기 셰프는 우리 밀 통밀, 발아 현미, 발아쥐눈이 콩, 유기농 비정제 설탕, 자연방사 수정란, 겨우살이 달인 물, 현미 조청, 천연 벌꿀 등 최대한 자연에 가까운 재료를 사용하여 빵을 만든다.

그중에서도 손님의 눈길을 가장 끄는 것은 산에서 방목하여 키운 산양의 젖인 산양유가 들어간 카스텔라로 산양유를 발효시켜 요구르트 상태로 빵에 넣어 만든다고 한다. 산양유가 모자랄 때는 인근의 산양을 키우는 분들로부터 구해온다고 하니 또 다른 의미의 품앗이다.

뽀솜빵은 카스텔라로 '산양유, 커피, 메밀, 녹차, 블루베리'의 다섯 가지가 있다. 나는 메밀과 산양유를 골랐다. 밀가루가 전혀 들어가지 않고 100% 국내 메밀로 만들어 빵 사이사이가 고슬고슬하고 구수하면서도 촉촉하다. 메밀 반죽을 얇게 밀고 그 위에 직접 삶은 국산 팥을 바르고 말아서 굽는 빵으로 달지 않아 인기가 많다. 팥버무림빵은 동그랗게 호두와 팥을 버무

려 구운 빵으로 고소하게 씹히는 호두가 달콤한 팥과 잘 어울린다. 파운드처럼 밀도가 높아 묵직한 빵이다.

또한, 100% 유기농 원두를 사용한 커피도 판매하고 있다. 빵짓는 농부에서는 택배 주문도 가능하다. 포장할 때도 빵 이름이 적힌 도장과 종이봉투를 사용해 포장을 간단하게 한다.

빵을 먹어보면 크림이 듬뿍 들어간 빵이나 간이 강하거나 자극적인 빵을 많이 먹는 사람이라면 재미없는 맛이라고 느낄 수도 있겠지만 먹을수록 느껴지는 중독성에 계속 찾게 된다. 천천히 빵 맛에 반하고 만다.

우리 것으로 만드는 건강 빵

"요즘 화제가 되고 있는 건강 빵의 기준이 무엇일까요?"

이종기 셰프가 나에게 질문을 던지셨다. 종종 빵집에서는 천연 발효종을 사용한 빵, 좋은 재료를 사용한 빵이 건강 빵

__홍국 채움빵

__통밀 비움빵

이라는 이야기를 한다. 물론 틀린 말은 아니다. 하지만 좋은 재료의 기준이 가격이나 해외 식자재는 아닐 것이다.

가능한 한 물리적인 힘이나 화학적인 변화를 받지 않고 자연에서 본연의 상태로 재배한 재료로 만들어야 좋다. 물론 직접 산양을 기르면 손도 많이 가고 몇 번 이상의 준비 과정을 겪어야 하는 번거로움도 있지만, 이종기 셰프는 이 모든 것을 본인이 추구하는 빵을 완성하기 위한 과정이라고 생각한다.

이종기 셰프는 좋은 재료에 대해 올바른 인식을 갖추고 있으며 건강한 빵에 대해 자부심이 크다. 씨앗을 뿌리는 농부처럼 빵장수 야곱에서 빵짓는 농부로, 빵도 자연에 가까운 재료를 사용해서 만드는 것이 이종기 셰프의 제빵사로서의 목표다.

빵짓는 농부
주소: 강원도 강릉시 내곡동 470-15
전화번호: 033-646-2668
휴무: 금,토,일
홈페이지: www.bakingfarmer.co.kr

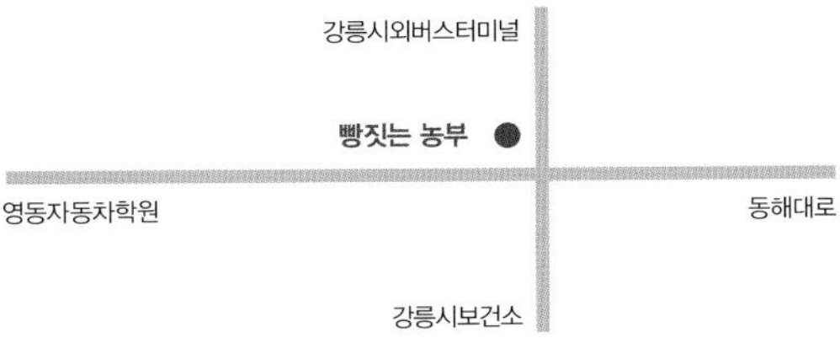

에필로그

나의 빵집 투어는 계속된다.

   항상 마음속으로 생각하는 '빵은 머리가 아닌 마음으로 즐겨야 한다!'라는 말처럼 조금은 서툴고 세련된 표현은 못 해도 맛있는 빵을 만나 즐거워하는 마음은 알아줄 거라는 생각으로 써내려갔다. '사랑을 쓰려거든 연필로 쓰세요!'라는 노래 가사처럼 컴퓨터가 없었다면 연필 한 통을 다 썼을 만큼 몇 번을 지웠다가 썼는지 모르겠다. 노래 가사대로 빵과 사랑에 빠졌기 때문이다.

   오늘은 어떤 빵을 먹을까? 어떤 빵집을 만나게 될까? 어떤 제빵사가 빵을 만들고 있을까?라는 생각으로 빵집을 찾아 나선다. 빵집 도착해 누구나 맛있어하는 맛을 찾아낼 때의 그 기쁨이란! 고급스러운 레스토랑의 코스 요리도 색다른 재료로 만든 특별한 음식도 아니다. 공깃밥 한 그릇처럼 평범하지만, 속을 든든하게 채워줄 수 있는 편안한 빵이 참 좋다. 빵을 먹는 시간만큼은 평범하게 흐르는 일상에 감사한 마음이 든다.

   책을 쓰는 시간은 내가 6년간 열심히 돌아다녔던 빵집들을 하나하나 생각하고 정리하는 시간이었다. 마음 한편에 차곡차곡 쌓아둔 빵에 관한 기억을 끄집어내어 처음 갔을 때의 설렘과 그 맛을 표현하기까지 혹여나 그 맛이 전해지지 않을까 걱정도 했고, 나는 맛있게 먹은 빵이 다른 사람의 입맛에는 맞지 않을 수도 있겠다는 걱정도 있었다. 이 책에서 소개한 빵집의 빵이 무조건 최고라기보다는 다른 사람에게도 권하고 싶은 곳들이다. 개인적인 입맛의 차이가 있기 때문에 결국은 나의 입맛에 맞는 빵이 가장 맛있는 거니까.

세상에는 다양한 빵과 맛이 존재한다. 그러므로 나의 빵 투어는 멈출 수 없다. 앞으로도 계속될 빵 투어에서 만나게 될 수많은 인연, 오늘도 빵집 문 앞에서 설레는 마음을 품고 기대한다.

Thanks To
부모님과 가족들(큰 언니, 작은 언니, 형부들, 남동생 부부, 큰조카 온실이, 조카 호진이와 민준이), 빵 친구들, 고양이 빵이, 그리고 하나님

정낭자 **정은진**

맛있는 빵과 디저트를 찾아 떠나는 빵 투어
정낭자의 빵생빵사

2015 년 1 월 19 일 초판 1 쇄 인쇄
2015 년 1 월 26 일 초판 1 쇄 발행

지은이 정은진
펴낸이 정상석
기획·편집 문희언
편집·표지 디자인 이여비
일러스트 이여비

펴낸 곳 터닝포인트
등록번호 2005. 2. 17 제 6-738 호
주소 서울시 마포구 연남로 97-1 3 층
대표전화 (02) 332-7646
팩스 (02) 3142-7646
홈페이지 www.diytp.com
ISBN 978-89-94158-61-7 (13980)
정가 12,800 원
내용 및 원고 집필 문의 diamat@naver.com
(터닝포인트는 삶에 긍정적 변화를 가져오는 좋은 원고를 환영합니다.)

장유진의 빵지순례 지도

이 지도의 대표 빵집 자세한 정보는 해시태그랩사이트에 있습니다.

1. 카톨로지바게트(빵스타그램니다)
2. 에콜뒤쉐프(école de chef)
3. 블랑제리(Boulangerie) 11-17
4. 올(All)
5. 송 오야붕 카스테라(all about castella)
6. 뿔라(울) 파울리(Paul&Paulina)
7. 브레드 후릇(Bread Fruit)
8. 치즈롤(CHEZ-ROLL)
9. 플라워아워(Flour8)
10. 오토버(October)
11. 우스블랑(ours blanc)
12. 리치몬드(RICHMONT)
13. 그레인디(Grain bie)
14. 프랑세즈(Francaise)
15. 더 베이커스 테이블(The Bakers Table)
16. 베이커가13(The Bakers Table)
17. 루스티크(RUSTIQUE)
18. 이블랑제리(Lee Boulanger)
19. 더 벨로(The velo)
20. 레 프레미시스(Les premices)
21. 마리앙 블랑제리(MARIAN Bakery)
22. 무앙(MOOANG)
23. 브레드 오크(Bread Oak)
24. 궁전제과(Gungjeon)
25. 제나나 잼(Zenana Jam)
26. 카카오 붐(CACAO BOOM)
27. 젤리 젤라또(Gelati Gelati)
28. 당유정빵이 초록물결
29. 앙스베이커리(Ans Bakery)
30. 차차베이커리(ChaCha Bakery)
31. 콤파니오(Compnio)
32. 코끼리 상점
33. 오월의 아침
34. 온화제과(Gungjeon)
35. 배이리스키친(Baely's kitchen)
36. 풍경마치 동유

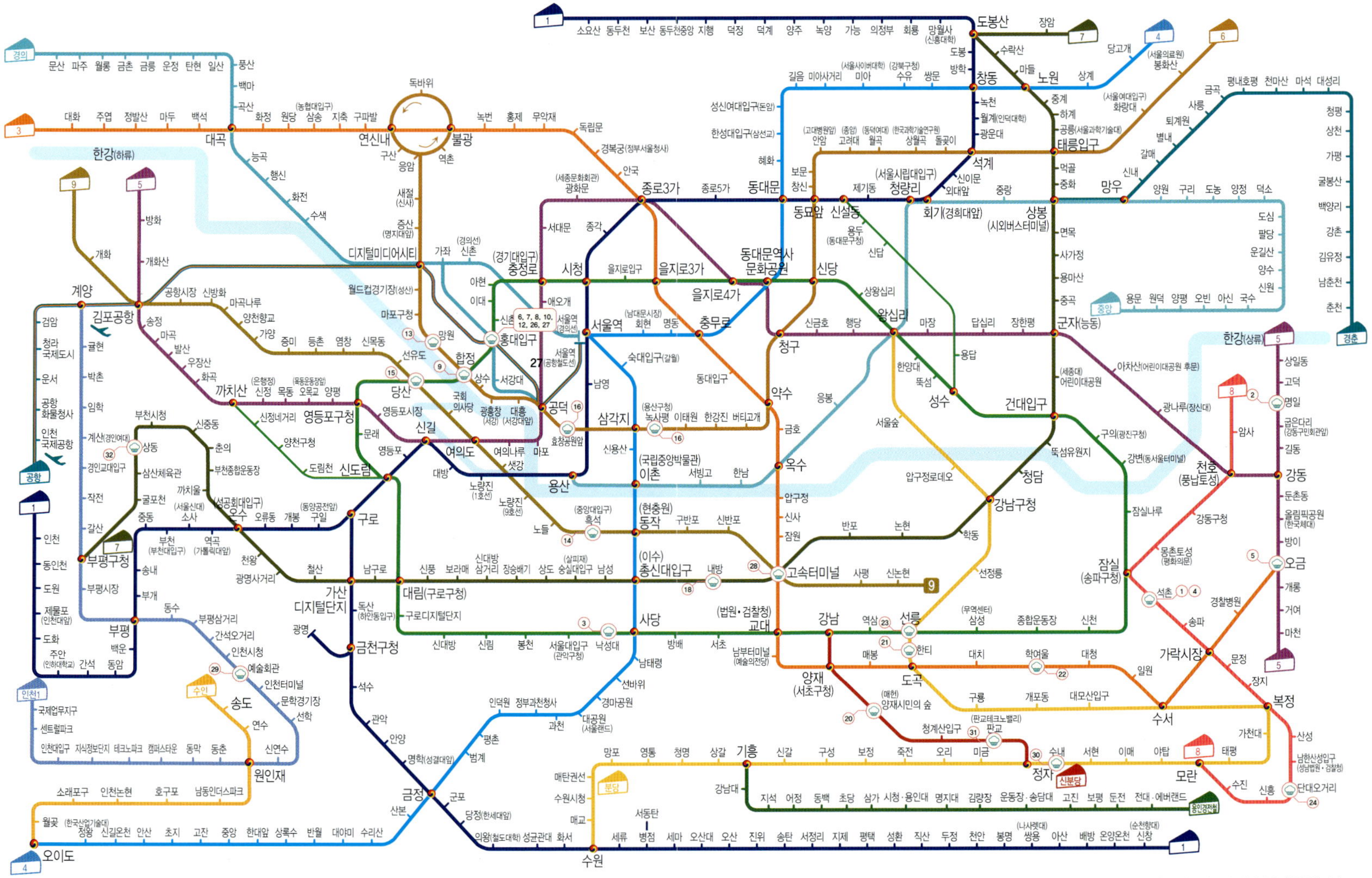

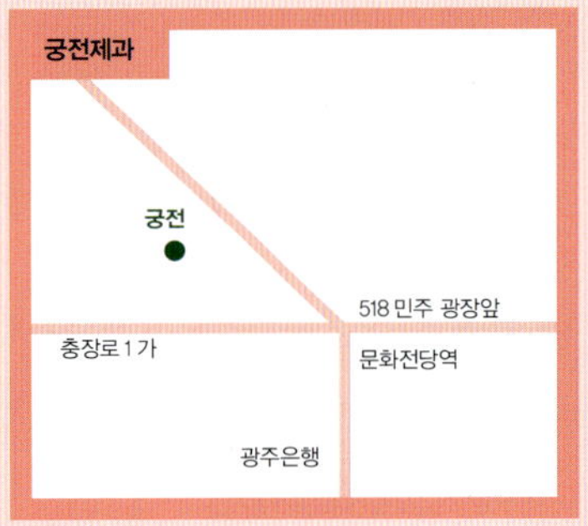

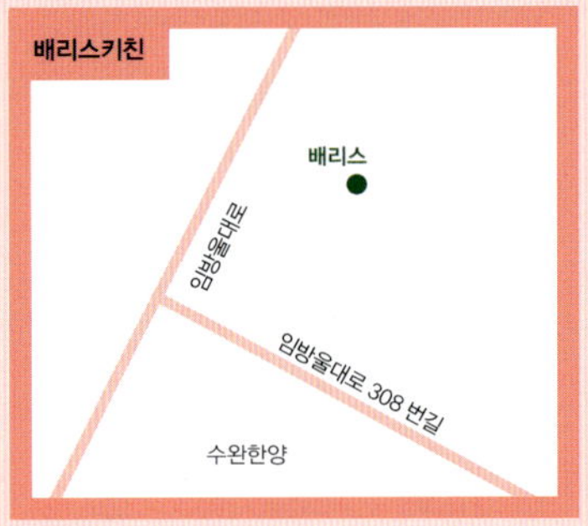

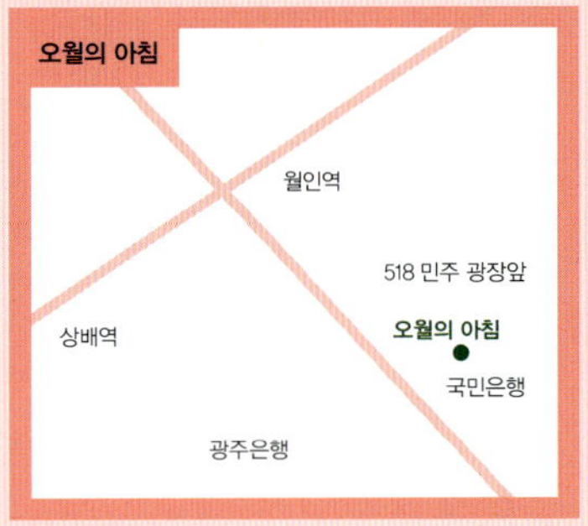

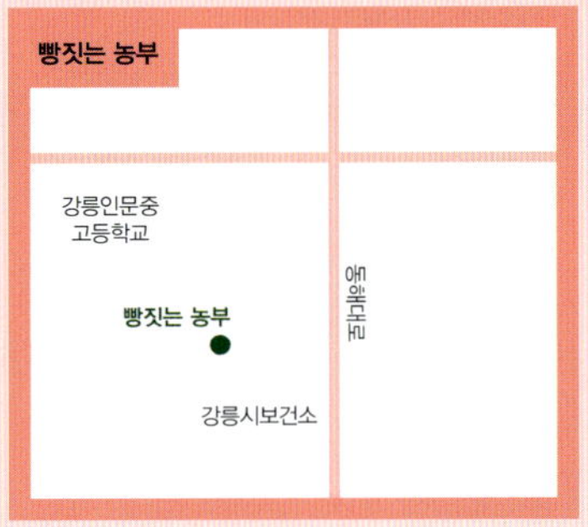

coupon

10% 할인
구매 공방에서

아메리 공방
1만 원 이상 구매 시

아메리 공방
1만 원 이상 구매 시
블량체르그 11-17

구기 공방
1만 원 이상 구매 시
블량체르그